歴史の詩学

Poétique de l'histoire

Philippe Lacoue-Labarthe
フィリップ・ラクー＝ラバルト

藤本一勇＝訳

藤原書店

Philippe Lacoue-Labarthe

POÉTIQUE DE l'HISTOIRE

歴史の詩学／目次

歴史の詩学

クリスティーヌとフランソワ
マチルドとパスカルに

そして
俳優フィリップ・クレヴノの思い出に

凡例

一　本書は、Philippe Lacoue-Labarthe, *Poétique de l'histoire*, Galilée, 2002. の全訳である。
二　原注は、(1)、(2)……で表記した。
三　原文中イタリック強調は訳文では傍点とした。
四　原文中大文字で始まる語句は〈 〉で示した。
五　原文中の［ ］は、［ ］で示した。
六　原文中の（ ）は、（ ）で示した。但し、原文中になくとも文意をとりやすくするため、（ ）を補ったところがある。
七　原文における外国語は原則として原綴を記した。但し日本語として馴染みのある語句は日本語訳にルビを付し、あるいはカタカナで表記した。
八　綴りを示す必要のある語句は原語を示し、多義性を帯び、とくに注意を要する語句・概念は訳語に原語のルビを振ったものがある。
九　訳者による補足は〔 〕で表記し、本文中に挿入した。

「反復された模倣は習俗に変わる」

クィンティリアヌス

（Marcus Fabius Quintilianus（三〇頃―一〇〇頃）スペイン生まれの古代ローマの修辞家。キケロに影響され「弁論術教程」を著す）

I　起源の舞台

1　ルソーを否認するハイデガー

歴史の起源としての詩作

一九三四―三五年の冬学期、周知の情勢のなかで、ハイデガーは初めてヘルダーリンを彼の講義プログラムに組み込んだ。彼はさまざまな完結した大きな賛歌のなかからふたつを、すなわち「ゲルマーニエン」と「ライン」を、注釈の対象として――おそらく意図的に――選ぶ。「私たちは何者であるか」（私たちとは言外にドイツ人のことである）という原政治的な焦燥の問いに吊るされてはいるが、この説法の言わんとすることには曖昧さがない。すなわち、ひとりヘルダーリンのみがゲルマン性ないしはアラマン性（「ドイツ的なもの《ダス・ドイッチェ》」をこう翻訳しておく）の秘密を握っており、彼の〈詩〉に耳を傾けさえすれば、国家社会主義の逸脱を修正して、流産せんとしている〈革命〉を真に基礎づけることができるだろうというのだ。そのように言えるのは、この説法が、これまた明確な或る哲学的命題――その命題によって、〈詩作〉（Dichtung）の本来超越論的な地位が〈歴史〉に対して確立される――に支えられているからである。すなわち〈詩作〉言い換えればその本質における芸術、つまり不可分な形での言語と神話（Sprache und Sage）は、〈歴史〉としての〈歴史〉の――あるいはこう言った方がよければ、実存に即した〈存在〉の開示の――可能性の条件ないしは起源なのである。何ヵ月か後、「芸術作品の起源」に関する一連の講演のなかで、この命題はその規範的な形式を受け取ることになる。すなわち、芸術作品は真理（アレーテイア）の定立《テーゼ》である、というそれである。一九三四―三五年の講義のなかから、例としてほんのいくつかの言明を取り出しておこう。

諸民族の歴運的現存在《ダーザイン》、すなわち彼らの勃興、隆盛、没落は、〈詩作〉から湧き出てくるのであって、［…］その〈詩作〉からまた、哲学という意味での真正な知も湧き出る。そしてこの真正な知と〈詩作〉との両者から、民族としての民族の現存在が国家によって現実化されるという事態が、つまり政治が湧き出るのだ。したがって諸民族のこの始原的・歴運的な時間は、詩人たちや、思想家たちや、国家創設者たちの時間であり、言い換えるなら、一民族の歴運的実存を事実的に基礎づけ、正当化する者たちの時間である。

あるいはまた、

〈詩作〉は〈存在〉を建立する。〈詩作〉は一民族の始原的な言語である。この言語のうちでこそ、そのようにして開かれる存在者への曝し出しが到来する。人間はこの曝し出しの成就であるかぎりで歴運的である。人間が〈歴史〉を「もつ」のは、ひとえに人間が歴運的であるかぎりにおいて、またそうであるがゆえにのみである。言語とは、文化が作られる歴史の流れのなかでなされた発明品であるどころか、〈歴史〉の可能性の土台なのである。(1)

ここで、〈歴史〉と歴史性《イストリシテ》（あるいは歴運性《イストリアリテ》）への関心のもとで、ピュシスとテクネー、つまり「〈自然〉と〈芸術〉」との関係に関するギリシア的問題圏の全体的な練りなおしがおこなわれていることを見て取るのは、さほど困難ではない（ピュシスとテクネーをヘルダーリンはまたサターンとジュピターと言い、あるいはシェリングと共有する語彙で、「アオルギア的なもの」と「有機的なもの」と言う。ハイデガー自身は〈大地〉と〈世界〉と言うことになる）。その証拠に、ハイデガーはいま引用した一節の直後で、「動物と『自然』における言語の不在」（それが出版社によって付された副題である）に関する論述へと話をつなぐ。そもそもそれはハイデガーの思想に繰り返し現れるモチーフであり、周知のとおり、死せる者という人間規定、言い換えれば、死が可能な唯一の者という人間規定と結びついたモチーフである。ハイデガーは言う。「人間の現存在の本質的土台である言語の始原的な起源は、しかしながら秘密のままだ。「生命」がある場合でも（植物、動物）、言語が自動的に生じるわけではないことを考えればなおさらである。一見、動物が話すためには、なんらかの残存する障壁を取り除けば済むように思えるが、しかしだ！　生ける動物から語る人間への飛躍は、生命のない石から生ける存在への飛躍以上にとは言わないまでも、それと同等に偉大なのだ」。そしてさらに少し先でハイデガーは次のように付け加えるが、その話の根本的な狙いにはまったく疑いの余地がない。

しかし動物と人間との見かけの近さと本質的隔たりとの、その同時性が真に問題となるのは、自然全体に固有の事態である言語の不在が考察される場合のみである。とはいえ、或る無限者から他のものへと作動している自然以上に切迫して私たちに「語る」ものは他にはないということも忘れてはならない。

それが意味するのは、言葉なき自然と語る人間とを、異なった性質をもつ事物のように単純に差し向かいに置くならば、私たちは失敗するということである。私たちが

（1）Martin Heidegger, *Hölderlins Hymnen* —« *Germanien* » *und* « *Der Rhein* », *Gesamtausgabe*（*GA*）39, Klostermann, Frankfurt a. M., 1980, p. 51 et p. 74.〔木下康光／ハインリヒ・トレチアック訳「ヘルダーリンの讃歌『ゲルマーニエン』と『ライン』」『ハイデッガー全集』第三九巻、創文社、一九八六年、六二―六三頁、八五頁〕引用はフランソワ・フェデリエとジュリアン・エルヴィエの翻訳によるが、必要に応じて加筆修正する（*Les Hymnes de Hölderlin* : « *La Germanie* » *et* « *Le Rhin* », Paris, Gallimard, coll. « Bibliothèque de philosophie », 1988, p. 58 et p. 78）。

問題に接近できるようになるのは、〈詩作〉が人間の歴運的現存在の根本的な出来事として、自然に直面して――しかもどんな自然科学よりも先に（こんなふうに表現することが許されるとしてだが）――振る舞うそのやり方を、根本的に考慮に入れる場合のみである。あらゆる自然科学は――現在の［…］いくつかの境界内ではそれがどれほど不可欠であろうとも――その正確さにもかかわらず、本質的な事柄について私たちを根本的に置き去りにするのである。自然科学は自然を〈脱－「自然化」〉するからである。(2)

ヘルダーリンの救済、ルソーとの決別

さしあたり注釈は一切延期しておこう。そのかわり、始めるにあたって私の注意を引くのは次のことである。すなわちハイデガーが「ライン」の詩の読解を、さらにその詩のなかの第一〇節の読解を企てるのは、テクネー（〈言語〉と〈詩作〉、あるいは〈詩作〉としての〈言語〉）の根源的ないし超越論的性格を、以上のように、こう言ってよければ絶対

に逆説的な仕方で肯定することが土台にあるということだ。「ライン」の第一〇節は、ヘルダーリンがルソーの名を引き合いに出すもっとも顕著な箇所のひとつとして有名である（ルソーその人はディオニュソスの――はっきりとは言明されない――名と結びつけられており、このことはどうでもよいことではまったくない）。

私はそれを便宜上、フランス語でもっとも「読める」翻訳（ギュスターヴ・ルーの翻訳）で読み上げる。

いま私は半神たちのことを想う。
そして私には、あの対価なき存在たちに関する
ひとつの体験知が与えられているはずだ。
あまたたび彼らの生が
欲望に満ちた私の心を脈動させたのだから。
けれども、ルソーよ、あなたのように、

（2）M. Heidegger, *Hölderlins Hymnen*, *op. cit.*, p. 75-76（p. 79-80）.〔同右、八六頁〕

魂が何ものにも征服されずに
強く耐えとおすものとなり、
聞き語るための確固たる感覚、
甘美な天分を贈られた者、
かくて彼が語れば、聖なる充実から、
酒神のように愚かしく神的に、
法則もなく、もっとも純粋なものたちの言葉を与え、
その言葉は良き者たちには理解されるが、敬意をもたぬ者ども、
神聖をけがす賤しき輩には正当にも盲目でもって打撃を与える、
かかる異邦の者に、私はいかなる名を与えようか？(3)

さて、ハイデガーの注釈はこうである。

この詩節が語るのは、もっぱら問いのことだけであり、ただひたすら問いにとどまる。すなわち異邦の者［der Fremde］を探し求める問いだ。異質であり続けるこの異

邦の者とは誰だろうか？　この詩節のなかに「ルソー」の名がある。その名はヘルダーリンの友人であるハインゼ〔一七四六―一八〇三、『アルディンゲロ』の作者で哀歌『パンとワイン』の献辞を捧げられた人〕の代わりに後から書き込まれたことを私たちは知っている。同じく第一一節の一六三行には、ルソーの名前を挙げた関係で、そこがルソーが滞在した場所のひとつであるという理由で、後から「ビール湖のほとり」と加筆された。したがってその詩節の元来の解釈はルソーへの参照から自由でなければならない。それればかりではない。詩人がここでもルソーの名を挙げる理由を理解できるようになるのは、もっぱら逆方向から、すなわち詩節の意味から出発してなのである。(4)

以上のとおり相違なし（こう言ってよければ）。そして事実、これ以上のことはほとんど知ることができないだろう。たしかに一九三〇年代のコンテクストでは、こうした除名はよくあることである。とにかくこの手の除名はハイデガーの講義にかなり規則的に現れ

（3）Friedrich Hölderlin, *Œuvres*, Paris, Gallimard, coll. « Bibliothèque de la Pléiade », 1967, p. 853.〔浅井真男訳「ライン」『ヘルダーリン全集』第二巻、河出書房新社、一九六六年、一九三頁〕

る。それはルソーがいわゆる「自由主義」思想の――悪しざまに言われた――代表者であるからだ（近道させてもらって言い換えれば、ルソーは、カッシラーへ差し向けるために言及されている）。なるほど、ハイデガーはみずからの振る舞いの乱暴さを緩和する配慮もしている。すなわち、「問いかけられ、ここで名をあげられている存在者」が「〈自然〉」と関係をもつことを論証した後で、ハイデガーはこう補足する。「その自然性においてこれほどまでに始原的で無垢な存在（Sein）の論述は、ルソーとその学説を思わせる。しかしこの場合、当時（例えばカントとドイツ観念論）はルソーを今日の私たちとまったく違った仕方で見ていたということを考慮する必要がある。しかしながら第一に重要なのはそのことではない」[5]。それでもやはり除名は決定的である――それに改悛（いくつかの言葉、すなわちルソーとその「学説」という言葉のうちにわずかに垣間見られる改悛）は、現実には事態を悪化させることにしかならない。除名はまごうかたなく反復されている。そして少しでもその判決理由に注意を向けるならば、除名が単に、他のところでしばしばそうであるように政治的なもの（フランス革命やデモクラシーや法治国家などに対する嫌悪）であるばかりでなく、それが本来哲学的なものであることも明らかだ。すなわちカントとドイツ観念論の解釈をもってしても、ルソーをその教条主義的とは言わないまでも学説的な弱点から、つまり前述の「自然」に関する思考の形而上学的な不十分さから、救い出すことはできないというのだ。「自然」概念は実際にヘルダーリンがルソーから多くを継承した概念なのだが、実はそれは――ハイデガーは頻繁にこのことを示唆する――危うくヘルダーリンに道を誤らせかけ、ピュシスあるいは〈大地〉の「より始原的な」思考を

（4）M. Heidegger, *Hölderlins Hymnen*, *op. cit.*, p. 277-278 (p. 255).〔前掲「ヘルダーリンの讃歌『ゲルマーニエン』と『ライン』」三〇七頁〕ついでながら、哀歌『パンとワイン』はキリストの形象よりもむしろディオニュソス自身の形象を描いているという点に留意する必要がある。その場合ディオニュソスはディオーニュソス（「ゼウスの息子」）と解されており、その結果、キリストと同じく、「英雄」ないし「半–神」と見なされている。また同様に留意しておくべきは、ハインゼ〔Wilhelm Heinse（一七四六―一八〇三）〕の『アルディンゲロ』〔一七八七年〕は実際ヘルダーリンの『ヒュペーリオン』にとても重大な影響を与えた作品であるが、この作品は、青年マルクスの周囲にまで、つねに一種の「共産主義宣言」として通っていたということである。もちろん「共産主義宣言」といっても、フランスの急進ルソー主義者（バブーフ、レチフ・ド・ラ・ブルトンヌ）あるいはヨーロッパの、とりわけドイツとイタリアの急進ルソー主義者たちのあいだで、一八世紀の最後の一〇年間にこの言葉がもっていた意味においてであるが……。やはり問われるべきは、ハイデガーが知ることを（本当に）欲したのは何だったのか、これである。

彼に禁じかけたものなのである。ヘルダーリンの「救済」（ベンヤミンの言葉を借りるなら Rettung〔救済〕）は、ルソーとのきっぱりとした決別と引き換えなのである。そしてこのような術策の争点は容易に理解される。ハイデガーの思考が根本的にテクネーの根源性に関する思考であるかぎり、それはハイデガー思想全体の争点そのものである。つまりハイデガーの思考は、ピュシス――すなわち「自然」（括弧つき）――のラテン的（そしてフランス的）な概念における、またおそらくはカント－シラー的な概念における、派生的で弱められた、あまりに初歩的であまりに「素朴な」規定に立脚することができないのだ。

したがって私が主張したいテーゼは、ルソーに対する片意地をはった盲目さがあるということだ。先入観、悪意、与えられる信頼の少なさ（他方でカントやヘルダーリン、さらにはシラー――彼らはみなルソーに依存しているのだが――を「啓蒙の精神」から、あるいは一九世紀による誤解、とりわけショーペンハウアーによる誤解[6]から引き離すことには、あれほど多大な努力が許可され展開されているというのに）、要するに読解の（「政治的」）拒否などといったことだけが問題なのではない。実際のところ、ハイデガーはルソーをちらと見ることとさえしない。そして彼が垣間見ることとさえしないのは、彼の歴史記述がそれを禁じるからである。しかも二重に。

第一に、ハイデガーの歴史記述はヘーゲルのそれに非常に深く依存している。ヘーゲルの歴史記述は、〈近代的なもの〉の運命的転換を、デカルト的あるいはガリレオ－デカルト的契機（表象的確実性の設立、エゴ・コギトとしての主観に存在を同一化すること、自然科学となった自然学〔物理学〕の客観的数学化、科学技術のプログラミング化、等々）のなかに位置づける。思考のそうしたエポックにルソーが属することに異論の余地はない。例えば、マルブランシュへのルソーの忠実さや、彼の倫理的－神学的信仰告白や、〈一般

（5）*Id., ibid.*, p. 278 (p. 256).〔同右、三〇八頁〕ルソー批判については、ジェフリー・アンドリュー・バラッシュがエリック・ヴォルフと共同でおこなった、一九三四－一九三五年のゼミナール（未公刊）の分析を、特に参照されたい。そのゼミナールでハイデガーは、『社会契約論』が立脚する国家の「抽象的な」考え方と「個人の自由」の考え方に対して、ヘーゲルが『法哲学』のなかで政治的なもの（ポリス）について述べた、〈精神〉の〈歴史〉という意味での真に歴史的な考え方を、対置している（J. A. Barash, *Heidegger et son siècle : temps de l'être, temps de l'histoire*, Paris, PUF, 1995, p. 131 *sq.*)。

（6）とくに最初のニーチェ講義 *Der Wille zur Macht als Kunst* (1936-1937), *GA* 43 ; *Nietzsche I*, tr. fr. P. Klossowski, Paris, Gallimard, 1971, p. 101 *sq.*〔薗田宗人／セバスティアン・ウンジン訳「ニーチェ、芸術としての力への意志」『ハイデッガー全集』第四三巻、創文社、一九九二年、六九頁以下〕を参照のこと。

意志〉の政治理論などはその証明である。肝心なのは、ルソーがそのエポックにのみ属しているのか、それとも、もっと秘められた紐帯によってプルタルコスやアウグスティヌスだけではない古代にも結びつけられているのではないか、[7] あるいは、ルソーがその類例なき例となる「後退」はルソーを彼のエポックから決定的に引き剥がし、彼の思考の核心そのものを「エポケー」するのではないか、これを知ることである。

　第二に、ハイデガーが〈近代〉の内部に認める唯一の運命的出来事は、ヘーゲル的発想のこの歴史記述においては、〈歴史〉の（ドイツによる）発明、そして歴史性に関する思考の、言い換えれば存在と真理との歴運的性格に関する思考の（ドイツによる）発明であるとされる。ハイデガーは繰り返しヴィンケルマン〔Johann Joachim Winckelmann（一七一七―一七六八）ドイツの美術史学者。主著『古代美術史』〕（彼の Gedanken〔思考〕は第二『論文』〔『人間不平等起源論』〕と全く同時代である）とヘルダーに言及する。[8] もちろんブルクハルトとニーチェに至るまでの全ドイツ観念論も援用される。しかしながらハイデガーが諸言語の起源について、そして諸民族の根源的詩作としての言語の本質について指導的理念を引き出してくるのは、ヘルダーからである（ヘルダーには一九三四―一九三六年にかけて別のゼミナールが捧げられている）。〈歴史〉に関する（あるいは同じことだが、起源に関する）この思考の原理にルソーがいること、ドイツ哲学全体からルソーがそうした存在として認められていたことなどは、一瞬たりともハイデガーの関心を引かない。ルソーは〈歴史〉の思考の発明には何のかかわりもなく、とにかく多分ルソーは「思考者」ではないのだ。

この意固地な盲目状態――つまりこれがテーゼであるが――は、実際にハイデガーの盲

（7）ひとつならぬ理由から、後でこの問題に立ち返ることにしよう。だがいまからすでに注意しておきたいことは、ルソーが数多くのテクストで、例えば『言語起源論』や『音楽辞典』で、ソフィストや〈哲学者〉たち以前のギリシア音楽やギリシア時代を絶えず参照することである。ジャン・スタロバンスキーは、「プレイヤード叢書」のために彼が綿密に校訂した『言語起源論』の「紹介」のなかで（また「フォリオ・エセー」叢書パリ、ガリマール社、一九九〇年も参照のこと）、この点をきわめて的確に強調している。ヘルダーリンがルソーのうちに認めていたのは、まさしくこの種の「ギリシア愛好」だった（だからこそ、ヘルダーリンの「神話体系《ミトロジー》」のなかで、ルソーは頻繁にディオニュソスに結びつけられるのである。そして実際にルソーは、過去と未来、〈古代人〉と〈近代人〉、ギリシアとヘスペリア（「夕べの国」の意。古代の西ヨーロッパ（とくにイタリア）を指す）との「媒介者」と考えられている）。ハイデガーは何度も、明らかに大喜びしながら、「［…］そしてもろもろの合図（Winke）は／ずっと前から神々の言語である」という有名な詩句を引用しているにもかかわらず、それがまさに「ルソー」という題をもつ未完の頌歌に由来することには一切触れない。このことは注目に値する。

点となるだろう。

「偉大なるドイツ哲学」の起源

ふたつの仮説が適切な仕方でこのテーゼを支えるはずだ。

第一の仮説はずいぶん前から私の仕事を導いているものだが、次のような疑念に集約される。すなわち、テクネーに関するハイデガーの思考の根底にあるのは、たとえそれが表明されないにせよ、または否認されるにせよ、あるいは至るところでその概念に対して露骨に示されている軽蔑がどうであれ、ミメーシスの或る再解釈なのではないかということだ。周知のように、たとえミメーシス概念が遅ればせで派生的と見なされ、またホモイオーシスとしての真理理解に従属したもの、イミターチオーへとラテン的に移転されることによって損なわれたものと見なされているとしてもだ。このハイデガーの自己隠蔽のもっとも明確な証拠は、以下の単純な事実のうちにある。すなわち、ハイデガーはピュシスおよびピュシスとテクネーとの関係に関する元来ギリシア的な理解の秘密を解明するために、結局のところアリストテレス——彼はたしかにヘラクレイトスの phusis kruptesthai philei〔自然はみずから隠れることを好む〕という規範的言明の権威のもとにつねに置かれてはいるが——に訴えかける（私が考えているのは、一九三〇年から一九四〇年にかけておこなわれた『自然学』Ｂ１の大部で綿密な読解のことであり、それはその後のすべてのテクストにとって規定的であり続ける）(9)。ところが私の知るかぎり、ハイデガーは『詩学』には決して問いかけようとしないし、それどころか『自然学』（Ｂ２とＢ８）に見られる、テクネーに関する二大命題、西洋における芸術と技術の理解全体にとって指導的であり続けた二大命題にさえ、決して問いかけようとしないのである。

(8) いろいろな状況があるが、とりわけ *Parmenides*, *GA* 54, p. 103-104 et 134-135〔北嶋美雪／湯本和男／アルフレド・グッツオーニ訳「パルメニデス」『ハイデッガー全集』第五四巻、創文社、一九九九年、一一九—一二〇頁、一五四—一五五頁〕; *Die Grundfragen der Philosophie*, *GA* 45, p. 43〔山本幾生／柴嵜雅子／ヴィル・クルンカー訳「哲学の根本的問い」『ハイデッガー全集』第四五巻、創文社、一九九〇年、四八頁〕を、そしてもちろん *Nietzsche I*, *op. cit.*〔圓増治之／セヴェリン・ミュラー訳「ニーチェⅠ」『ハイデッガー全集』第六—Ⅰ巻、創文社、二〇〇〇年〕を参照のこと。フンボルトも「〈歴史〉の思考者」たちのうちに数えられる。

そのふたつの命題を私が指摘するのは、phusis kruptesthai philei とまったく同じようにそれらが非常に明確な仕方で、意識されていようといまいと、ルソーの思想を支配しているからである。とりわけ第二の命題（199a）がそうだ。普通この命題は第一の命題 hè tekhnè mimeitai tèn phusin〔技術は自然を模倣する〕（194a）の説明であると言われる。この第二命題は次のように述べる。テクネーは、

ta mèn épitelei ha hè phusis adunatei apergasasthai, ta dè mimeitai.
〔一方では、自然が作品化できないものを成し遂げるが、他方では、それは模倣する〕

これは次のように翻訳されうる（私はこの翻訳をジャン・ボフレから拝借するが、ボフレはまさしく「芸術」と「自然」との関係をめぐるヘルダーリンの思考を解釈するために、この命題を参照している）。[10]「芸術は、一方で、自然が作品化できないものを完成させる［終わらせる、とも言えるだろう］が、他方で、それは模倣する」と。そしてすでにわかるだろうが、すべての困難は、ピュシスについて apergasasthai（作品化する）という動詞を用いることに起因する。なるほど ergon〔働き・仕事・作品〕という語が――そして energeia

〔エネルゲイア・作用・活動・力〕の概念が――予想どおり『自然学』に関するハイデガーの注釈の足を引きとめはする。[11] しかし、その注釈はあまりにも素早くこの困難の上を通りすぎる。ergon はその本質に則れば、作ることないし製造すること（machen）に属するのではない、それは「現前性へ到来させること」あるいは「現前化においてもたらすこと」という存在論的規定を受けた産出と創設（herstellen）に属するのだと、そう断定し決定することにハイデガーの注釈は急いでいるかのようなのだ。そしてそこに疑惑がある。

この性急さについては言うべきことがたくさんあるので、後で立ち戻ることにしよう。とりあえずは、暫定的にまたは単に指標的に、おそらくこの性急さこそが、詩作すなわち

（9）« Vom Wesen und Begriff der *phusis* », *Wegmarken*, *GA 9* (tr. fr. François Fédier, *Questions II*, Paris, Gallimard, 1968)〔辻村公一／ハルトムート・ブフナー訳「ピュシスの本質と概念について。アリストテレス、自然学Ｂ１」『ハイデガー全集』第九巻、創文社、一九八五年〕

（10）Jean Beaufret, « Hölderlin et Sophocle », Introduction à Hölderlin, *Remarques sur Œdipe — Remarques sur Antigone* (tr. fr. François Fédier, Paris, UGE, 1965).

（11）*Cf. Questions II*, *op. cit.*, p. 246-247 et p. 260.〔同前「ピュシスの本質と概念について。アリストテレス、自然学Ｂ１」三五六―三五七頁、三六七頁〕

芸術作品の本質についてこのうえなく危険な言明をハイデガーに余儀なくさせるのだ、と示唆するにとどめよう（一九三五年と一九三六年の「芸術作品の起源」に関する諸講演からわかるとおり、芸術作品は Darstellung〔描写・演技〕すなわちミメーシスないし（再）現前化〔表象〕としてではなく、真理の、アレーテイアの、すなわちみずからを「隠すこと」を好むものとしてのピュシスの、その作品化と定立――Gestell〔集立〕――として考えられなくてはならない）[12]。ここではこうした言明のうち、私たちをヘルダーリンの近くに――したがってルソーの近くに――とどまらせるひとつの言明のみを取り上げる。それもまた「ライン」の注釈のなかに見出される。ハイデガーは、ヘルダーリンが「予感的な」〈自然〉と言うとき、あるいは「詩人は予感する」と言うときに用いる「予感する」ahnen という動詞の内実を把握しようとする。つまりハイデガーは、「抑制されつつも高揚させ、[…]そこにおいて秘密がそれとして開かれ、その広大無辺さへと花開き、それにもかかわらず〈一者〉へまた折込まれる」ような、そのような根本的な調性ないし根本的な配置、すなわち Stimmung〔気分〕について問う。そのときハイデガーは言う。

詩人たちは対象と関係をもつように〈自然〉とかかわるのではなく、反対に「〈自然〉」のほうが〈存在〉として自分自身を〈言〉のなかに創設するのだから、詩人たちの〈言〉は、自分自身を言う〈自然〉以外の何ものでもないものとして、自然と同じ本質を有する。[13]

したがって第二の仮説はルソーにかかわる。始めるにあたって私が正当化しようと腐心するのは、この第二の仮説である。「自由主義」思想はルソーをいわば創始的英雄として後ろ楯にするが、その「自由主義」思想をハイデガーに軽蔑するよう仕向ける政治的ないし原政治的な諸理由は、疑わしいどころのさわぎではない（私は他のところでハイデガーの原ファシズムについて語った）[14]。とはいえそうした理由が、ルソーの古典的解釈（合理

（12）*Cf. De l'origine de l'œuvre d'art* (1935), éd. et tr. fr. Emmanuel Martineau (*s. l.*, Authentica, 1987) et « L'origine de l'œuvre d'art » (1936), *Holzwege*, *GA* 5 (tr. fr. W. Brokmeier, *Chemins qui ne mènent nulle part*, Paris, Gallimard, 1962/1980).〔茅野良男／ハンス・ブロッカルト訳「芸術作品の起源」『ハイデッガー全集』第五巻、創文社、一九八八年〕これらのテクストにおいては、はっきりとテクネー（〈世界〉）がピュシス（〈大地〉）の「謎を解く」。

（13）M. Heidegger, *Hölderlins Hymnen*, *op. cit.*, p. 237.〔前掲「ヘルダーリンの讃歌『ゲルマーニエン』と『ライン』」二八五頁〕

主義的解釈にせよそうでないにせよ――そもそもそれは大した問題ではない）では明らかに不十分だったものを、少なくとも部分的には際立たせることに変わりはない。実際のところ、ルソー自身がほとんど最初から彼の「システム sistème」と呼んでいたものを基点にしてルソーを考察しているかぎり、またそのシステムが教育的な企図や倫理的‐形而上学的な信仰告白を越えて、『社会契約論』の政治理論において頂点に達した（あるいは変質した――それは同じことだ。しかし変質したとはいえ、そのことが自伝あるいは小説の企てにおいてまったく新しい〈文学〉の可能性を作り出したのだ）と見るかぎり、さらに実はルソーの「自然」概念（それと相関的に「実存」概念）における深淵のごとき難問を十分な厳密さで問わないかぎり、ルソー思想の絶対的な独創性となっているものを、そしてまさしく起源に関する彼の思想の中身を、さまざまなレベルで見誤る危険に陥るのである。

たしかに、ハイデガーの見るように、ドイツ観念論によるルソーの読みは、同時代のフランス革命思想よりも、あるいは時代を下っていわゆる「自由主義」思想よりも、ずっと深い。だが例えば、「カントの道徳論」はルソーが前提であるとか、さらに決定的には、カントの歴史哲学（次いでシラーのそれやその他）[15]は、〈自然〉と〈文化〉とのあいだにルソーが立てた関係を支配する（前）弁証法的な論理に依存するなどと指摘したところで、たいして深いところまで達しはしない。起源の思考において実際に賭けられているのは、ハイデガーが否認すると同時に垣間見させてくれるまさに当のものであり、しかも何よりもまずヘルダーリンに関する彼の教えにおいてそうであるものである。すなわち、起

（14）«Le Courage de la poésie»（Paris, Les Conférences du Perroquet, 39,1993）et «L'Esprit du national-socialisme et son destin»（Freiburger Kulturgespräche im Marienbad, 1995 ; *cf.* les *Cahiers philosophiques de Strasbourg*, 1996）.

（15）例えば、カントの「人間の歴史の臆測的始元」Kant, Conjectures sur les débuts de l'histoire humaine（dans Immanuel Kant, La Philosophie de l'histoire, éd. et tr. fr. S. Piobetta, Paris, Aubier-Montaigne, 1947）〔望月俊孝訳「人間の歴史の臆測的始元」『カント全集』第一四巻、岩波書店、二〇〇〇年〕やフリードリッヒ・フォン・シラーの『人間の美的教育についての手紙』Lettres sur l'éducation esthétique de l'homme（tr. fr. P. Leroux, Paris, Aubier-Montaigne, 1943）〔小栗孝則訳『人間の美的教育について』法政大学出版局、二〇〇三年〕、Poésie naïve et poésie sentimentale（tr. fr. P. Leroux, Paris, Aubier-Montaigne, 1947）〔高橋健二訳『素朴文学と情感文学について』岩波文庫、一九五五年〕等を参照のこと。その直観はすでにルソーに存在するが、〈自然〉と〈文化〉との差異を歴史の言葉へと翻訳するのは、すなわち〈古代人たち〉と〈近代人たち〉へと翻訳するのは、シラーである。さらに歴史的-美的な言葉、すなわち素朴と感情へと翻訳するのもシラーである。

源の思考は、（カント的な意味での）超越論的なものの思考と、（弁証法的‐思弁的な意味での）否定性の思考との、その両者の起源にある。あるいはさらに厳密に定式化すれば、起源の思考は、否定性の思考としての超越論的なものの思考の起源にある。そして実際まさしくそれこそが、「偉大なるドイツ哲学」（とハイデガーは言う）との、そしてその背後にある西洋形而上学全体との、ハイデガーの Auseinandersetzung〔対決的説明〕、すなわち論争ないし説明の地盤なのである。

2 ルソーの存在–技術論

哲学の創始的問いへの退歩

以上の争点を推し量るために、起源の思考をその起源において把握することを試みなくてはならない。すなわちその幕開けそのものにおいて。

この一撃が『人間不平等起源論』の最初のすべての頁で打ち鳴らされあるいは与えられていると請け負ってもよい。決定的な形で、しかしいわば知覚できない仕方で、あるいはほとんど聞き取れない仕方で、その一撃は与えられている。そして後になると、すなわち後の著作（『言語起源論』や『社会契約論』）ばかりではなく、その同じテクストの内部でも、ルソーが実際に主題化し、さらには体系化しえたような、つまり人が自明のものとして理解するようになる起源の問題系においては、もはやこの一撃は、ハイデガーの言う「学説」の輝きのもとで、きわめて弱々しくしか響かなくなる。

では第二『論文』の冒頭で、正確にはいったい何が起こっているのか？（もっと広範な、もっと詳細な取り扱いと正当化が必要ないくつかの分析を、私は自分の主張の弁護のためにおそらくは過度に凝縮しよう。）[16]

まずきちんと視野に入れ、真面目に受け取らなくてはならないのは、ディジョンのアカデミーが提出した問いに答えて、ルソーが哲学特有の答えを出すことである。彼は二度そうしている。一度目は、はやくも「序文」の第一パラグラフからである。その「序文」でルソーがビュフォンを明白に参照し（ビュフォンは注の対象となっている）、マルブランシュを暗黙のうちに参照するからといって[17]、本質的な点を見失なってならない。本質的な点とはすなわち、哲学がそれとして始まるデルフォイ－ソクラテス的な教えの想起と、『国家』の第一〇巻のグラウコスの彫像（言い換えれば歪曲の象徴《イマージュ》そのもの）への言及である。

人間のあらゆる認識のうちでもっとも有益だがもっとも進んでいない認識は、人間に関する認識のように私には見える。〈デルフォイ神殿〉の銘だけでも、〈モラリスト〉たちのあらゆる大部な〈書物〉よりも重要で困難な〈教え〉を含んでいた、と私

(16) あらゆる参照は、ジャン・スタロバンスキーが「プレイヤード叢書」(パリ、ガリマール社)の『全集』のために校訂し、彼自身の序文と注が付された版からおこない、O. C. と指示する〔ルソーの邦訳参照は、第二『論文』(『人間不平等起源論』)と『言語起源論』を除いて、『ルソー全集』(白水社)からおこなうが、訳文はラクー＝ラバルトの議論にあわせて適宜改訳する〕。第二『論文』に関しては、便宜上、別の版 (Paris, Gallimard, coll. « Folio Essais », 1985) を基本的に用いることにし、« Folio »と指示する〔『人間不平等起源論』および『言語起源論』の邦訳参照は、原好男・竹内成明訳『ルソー選集』第六巻、白水社、一九八六年からおこなう。訳文方針については先と同じ〕。本書に収められた諸分析は、ディドロとルソーのミメーシス論について一九七九年にカリフォルニア大学(アーヴァイン校)で始められた講義に由来する(『近代人の模倣』所収「ディドロ、パラドクスとミメーシス」« Diderot, le paradoxe et *mimèsis* », dans *L'Imitation des modernes*, Paris, Galilée, 1986 を参照のこと)。この講義は一九八五年と一九八九年にバークレー校で継続された。もっと最近のいくつかのセミネール(一九九五―一九九六年ストラスブール大学、一九九九年マンハイム大学、二〇〇〇年リオ・デ・ジャネイロ大学)が本書の原形である。

は言いたい。したがって、私はこの〈論文〉の主題を、〈哲学〉が提出しうるもっとも興味深い問いのひとつでありながらも、だが残念なことに、〈哲学者〉たちが解きうるもっとも厄介な問いのひとつとみなす。というのも、もし人間が自分自身を知ることから始めなかったら、どうして人間たちのあいだに存する不平等の源泉を知ることができようか？　時間と事態が継続するうちに人間本来の構成に生じたに違いないあらゆる変化を通して、いかにすれば人間は、〈自然〉によって作られたままの姿で自分を見ることができるようになるのだろうか？　人間が自分自身の土台から保持しているものを、さまざまな情勢や進歩によって人間の〈原初状態〉に付加されたり変化したものから、いかにすれば解きほぐすことができるようになるのだろうか？

それは、時間や海水や嵐によってその姿が歪められてしまい、神というよりは〈猛獣〉に似てしまったグラウコスの彫像のようである。人間の魂は、絶えず生じてくるおびただしい事由のために、多くの知識と誤謬を獲得したために、〈身体〉の構成に生じたもろもろの変化のために、次から次へと襲いくる情念の衝撃のために、社会生活のなかで変質してしまって、ほとんどそれとわからなくなるまでに、いわば外観が変わってしまったのである［…］（« Folio », p. 52〔原好男訳「不平等起源論」『ルソー選集』第六巻、白水社、一九八六年、一五頁〕)。

(17) 実際は、この(「内的感覚」への)暗黙の参照は(ビュフォンへの)明示的な参照のうちに包含されている。ルソーはそうした仕方で、『博物誌』第四巻の「人間の本性について」から長大な引用をおこなう。「あれらの権威は〈哲学者〉たちだけが見出し感じることのできる堅固で崇高な理性に由来するがゆえに、〈哲学者〉にとって尊敬すべきものなのであるが、そうした権威のうちのひとつに、私は第一歩目から信頼をもって依拠する」。引用中のテクストから、少なくとも考慮しておくべきことは、結局ルソーの敷衍作業に終わりはないということである。「私たち自身を知ることにいかなる関心があろうとも、私たち以外のすべてのものの方が私たちによく知られるのではないかどうか、私にはわからない。私たちは〈自然〉によって、もっぱら自己保存のための諸器官を与えられているが、私たちはそうした器官を、外部印象の受容にしか用いず、また外部へ自己を拡げることのみを求め、自分の外に実存することのみを求める。私たちは諸感覚の機能を多様化し、自分の存在の外的拡がりを拡張することのみにあまりに心を奪われて、私たちの真なる次元へ連れ戻してくれるこの内的感覚を、そして真なる次元に属さないあらゆるものを私たちから切り離すこの内的感覚を使用することは稀である。しかし、もし私たちが自分自身を知りたいのなら、使用しなくてはならないのはこの感覚であり、私たちが自分を判断できるのも、もっぱらこの感覚のおかげなのである〔…〕」(«Folio», p. 125-126.〔前掲「人間不平等起源論」九八頁〕)。

ルソーは「〈モラリスト〉たちのあらゆる大部な〈書物〉」を一気にやっつけた後で、「この〈論文〉の主題を、〈哲学〉が提出しうるもっとも興味深い問いのひとつと見なす」と言う。したがってそのとき彼の念頭にあるのが、「〈哲学者《フィロゾーフ》〉たち」（彼の同時代人たち）のことではなく、その開闢（哲学自身によって想定された開闢）以来の哲学全体のことであるのは明らかだ。次に、ルソーが哲学特有の答えを出すその二度目は、劈頭ないし前書きにおいてである。そこで彼は、これまでの起源に関する問いの完全にアポリア的な性格を報告し（「社会の基礎を探査した〈哲学者〉たちはみな〈自然〉状態にまで遡る必要性を感じたにもかかわらず、誰一人としてそこへ到達しなかった［…］」[18]）、後にカントが思い出すことになる仕方で、もろもろの無根拠な仮説ないし短絡的な結論づけ同士の果てしない抗争に終止符を打つというみずからの意図――それは実際批判的である――を告知する。そこでもやはり明らかなのは、それがいわゆる「政治哲学」の領域にはいささかも限定されず、ルソーは zôon politikon phusei〔自然本性上、政治的＝ポリス的な動物〕という哲学の創始的撞着語法のひとつを正面から取り上げるということである。さらにルソーはその撞着語法を zôon logon ekhôn〔理性・言葉をもつ動物〕と密接に結びつける（この点は後で触れる）。

前書きのなかで、「〈人間〉」に最終的に訴えかける前に現れるこの意図の宣言を誤解してはならない。それは哲学的なものそのものの肯定である。

私の主題は人間一般にかかわるので、私はあらゆる〈国民〉に適した言葉を用いるよう努めたいと思う。あるいはむしろ時代と〈場所〉を忘れ、私が語りかける〈人間〉たちのことだけを考えて、私は自分がアテナイの学園にいて、〈師〉たちの〈教え〉を反復しており、プラトンやクセノクラテスのような人たちを〈判事〉とし、そして〈人類〉を〈傍聴人〉としていると想定してみよう。[19]

要するにこうした見解は、起源の問い――「〈哲学者〉たちが解きうるもっとも厄介な問いのひとつ」、つまりもっとも困難な問い――がただ単に悪く立てられたと主張することに帰着する（第一の結論）。これがルソーのまさしく出発点である。したがって冒頭の

（18）« Folio », p. 62.〔同右、二五頁〕
（19）*Ibid.*, p. 63.〔同右、二六頁〕

頁で彼がみずからに課す任務は次のようになる。すなわちこの問いを問いとして全体的に練り上げなおすこと、この問いについての問いを新規まきなおしに、他の土台の上に立てなおすことである。この準備の身振りが、同時代のあらゆる身振りと同じく、基礎づけへの回帰と最高度の保証というデカルト的伝統（それがつねにルソーの強迫観念となることは周知のとおり）のなかに書き込まれていることは間違いない。だがそれはまた、未知の仕方で、まさしく問いのなかへの「退歩」でもある。――そして彼の同時代人たちはこの退歩を戯画的かつ粗暴な仕方で誤解することになるが、その際に彼らは、ルソーが歩む足元に開かれる（そして開かれ続ける）のが実は深淵であるということを見ない。だがルソーは、彼が常にそうであるように、革新をおこなうのだという意識を完全にもっている（「私はまったく前例のなかった企てを構想する［…］」）。言葉はやむをえず謙遜しているが、このまったき慧眼を隠すことはいかなる場合もできない。

　したがって、理解することがかくも困難に思えるものを理解したと私がうぬぼれているなどと、読者は思わないでいただきたい。私は問いを解決することを期待してではなく、問いに光りを当て、問いをその真の状態へ連れ戻す意図から、いくつかの理屈をこね始め、いくつかの臆測を試してみたのだ[20]。

超越論的否定性としての起源

したがって起源とは何を意味するのか？　厳密な答えに至るためには、用語上の或る種の不安定さ（源泉、始まり（複数の始まり）、原因、原理、基礎（複数の基礎）、自然、自然状態、原初状態、最初の時代、等々）を考慮に入れる必要がある。もちろん、ルソーが当初自身に課した用語の使用域の維持不可能性——それにルソーは陥る——が、実際にどの点まで用語上のこの不安定さによって露呈するかを、しかるべきときに、しかと見極める必要もあるだろう。その不可能性によってルソーは（もろもろの始まりの経験的演繹がないわけだから）諸起源の虚構に同意することを強いられる。このことはおそらくどちらかと言えば二次的なことだろうが、文

（20）*Ibid*., p. 63.〔同右、一六頁〕

学の未来とっては――私が言いたいのは、ルソーがそのようにして、それとして開始するかもしれない文学にとっては、ということである――は別である。

起源は、ルソーが用いていない言葉で言えば、端的に本質を指し示す。

ルソーは zôon politikon phusei〔自然本性上、政治的な動物〕の撞着語法に取り組むことで、すなわちその撞着語法の破壊をみずからの任務とすることで、ピュシス――すなわちまさに彼が使う言葉で言えば「自然的本性」あるいは「根源的構成」――における人間が、いかなるものであるかという問いをみずからに提出する。『人間不平等起源論』全体の銘句がアリストテレスの『政治学』から引かれていることを忘れることはできない。その銘句は次のように言う（スタロバンスキーが提示する翻訳で引用する）。「自然なものを、堕落した存在どものなかに求めずに、自然に適った仕方で行動する者たちのなかに求めよう」[21]。したがってこの身振りの外見はまったく古典的である。そしてこの身振りがまさしくそれ、すなわち古典的であるのは、今一度言えば、その身振りがなんらかの基礎づけの探求とひとつであるがゆえ、あるいはもちろんルソーの問題地平（政治哲学ないしは法哲学の問題地平）のもとで言えば、なんらかの先行性の探求、すなわち前社会的、前政治的あるいは前市民的、前契約的、前歴史的といった、或る「〈状態〉」の探求とひとつであるがゆえである。そして、こうした探求は不可避的に歴史的−発生論的探究を生み出すことになる（言い換えれば、幕開けの撞着語法に関する相対的に弱い解釈を生み出すことになる。「人間は、自然本性上、社会的であり、少なくともそうなるように作られている」[22]という有名な裁定が少なくとも一読したところ証言するように）。その上、学説史がはっきりと

(21) *Ibid.*, p. 173.〔同右、一頁〕ジャン・スタロバンスキーはその箇所で、ルソーは明らかにアリストテレスの「自然」概念の厳密な規定を見誤っていると注記している。スタロバンスキーは zôon politikon〔政治的動物〕に関する『政治学』の有名な一節を引用しながら、存在ないし事物の本性はその合目的性とその「完成」のうちにあるが、しかしルソー自身は「人間の自然な〔本性的な〕社交性を否定するだろう」と指摘する。とはいえアリストテレス自身が「生成的」な分析へと人を誘うのであるから、ルソーが「自然」を「起源」に結びつけるとき、自然概念のもともとの意味が再発見されているのだということは、スタロバンスキーも認める。「論理的先行性から歴史的先行性が強制的に導出されるような語義を「起源」（アルケー）という語に与えることによって、ルソーは厳格にこの方法〔道〕に従った」。しかしながらルソーの挙措の本領は、その挙措の最大の厳格さにおいて、歴史の起源そのものを問うために、すなわち自然の否定の契機——これは指定しえないかもしれない契機である——を問うために、一切の経験的（つまり歴史的）生成の手前にまで遡行する点にこそあるのではないか、これを問うことこそが問題の全体をなすように私には思われる。

示したように、ルソーは、キケローからホッブズとモンテーニュへ至る、ヘロドトス、プリニウスからプーフェンドルフあるいはグロティウスへ至る、膨大な読書から借りた言明や論証を、ときに表現こそ違うが反復している。

しかしながら私が「起源」を「本質」と（この語のハイデガー的な意味で）翻訳したのは、ヘルダーリンとハイデガーの Ur-sprung〔源－泉〕における「泉《スルス》」という語の奇妙な反響のことを考えているからばかりではない[23]。ルソーが起源の問いを問いとして開きなおす際におこなうラディカル化を説明するためである。

このラディカル化は三つの仕方で着手される。
一　本質それ自身の論理に従って。換言すれば、或る事物の本質はその事物の何もので、もないということを命じるあの論理に従って。
現実態にある人間が社会的・政治的・歴史的等々の存在として定義されうるということ――これは事実確認ないし事実性の領域に属することである――は、まさしく、人間をその本質ないし本性＝自然において、アリストテレス的な意味で社会的・政治的・歴史的な存在として考えることを禁じる。本来批判的な意図の根源にあるこの論理こそが、「現実態にある人間の〈本性=自然〉がはらみもつ根源的なものと人為的なものとを解きほぐすこと」（« Folio », p. 53〔同前「人間不平等起源論」一六頁〕）を要請され、その作業へと整序された「序文」と「前置き」を司っている。そこから、自然権の諸理論やそうした理論の「形而上学的な」創設の試み同士が相争う Kampfplatz〔戦場〕に関する記述が生まれてくるし（« Folio », p. 54-55〔同右、一七—一八頁〕）、「自然法」の概念が空虚であるとの宣言もなされる。獲得された経験の全体を余すところなく差し引いて考えるという発想、さらには「人間の諸機構」の「大伽藍」（« Folio », p. 57〔同右、二〇頁〕）を脱構築するという発想、あるいは同じことだが、グラウコスの彫像を清掃し復元するという発想が生まれるのも、これと同じ理由からである。また予測、見積もり、論点先取、一般化、等々も告発される。純粋な自然あるいは自然という一種の「純粋なテクスト」——これは実際「テクスト考証」

(22) *Émile*, IV (« Profession de foi du Vicaire savoyard »), O. C., IV, 1984, p. 600.〔樋口謹一訳「エミール」(下)『ルソー全集』第七巻、白水社、一九八二年、五六頁〕

(23) ディジョンのアカデミーが提出した問いは「源泉《スルス》」という語を含んでおり、そしてルソーもまたこの語を使用する。「人間たちのあいだでの不平等の源泉は何か、そしてそれが自然法によって権威づけられているとしたら？」

のプロテスタント的伝統に直接由来する——の探求には、次のような純然たるパラドクスがある。すなわち、もっとも「自然的〔本性的〕」と思われる、家族、道徳性、言語あるいは理性（悟性）といった、文化存在としての人間のあらゆる諸規定に、本質（起源）は単に時系列上だけでなく論理上も絶対的に先立つ、ということである。文化（テクネー）の本質はいささかも文化的、技術的ではない。或る深淵——或る裂孔——が〈自然〉を〈文化〉から切り離してもいるのだ。それゆえに、人々は人間本性〔人間的自然〕のあの脱自然化へと不可避的に導かれるのである（この脱自然化はしばしば強調されてきた。この脱自然化によって〈歴史〉の存在論化の可能性が開かれるという単にそれだけの理由からだとしても）。人間が〈脱‐自然化されてある〉とは、人間が〈歴史的‐である〉ということである。権利上、そして、そもそもの端緒からしてそうなのである。（となると、なぜ人間は、その自然〔本性〕が根源的に脱自然化されているのか、あるいは脱自然化するのかを理解する仕事が残るだろう。自然の始原的［根源的］な欠落とはいかなるものなのか？

ルソーはいかなる答えも示さないように見える。また明確な言葉でこの問いを提出することさえないように見える。この問題には後で立ち戻ることにしよう。それは支えなき問いである。）

二　アルケーの論理あるいはアルケオロジーの論理に従って。

起源はその絶‐対性〔孤‐立〕そのものの故に、（完全に）権利上ではないにせよ事実上、接近不可能なものとして、さらには純粋に仮説的なものとして布告されている。例えば、ルソーと較べて慎重なプーフェンドルフが自然状態について、「それは実際には部分的にしか、いくらか緩和されてしか存在してこなかった」と述べるにとどまるのに対して、ルソーの方は、自然状態とは、「もはや存在せず、もしかすると決して存在したためしもなく、おそらくこれからも決して存在することがないだろう、そのような〈状態〉」であると語る（«Folio», p. 53〔同右、一六頁〕）。そのうえルソーはすぐさまこう付け加える。「〔…〕とはいえ私たちの現在の状態をよく判定するために、それについての正しい〈観念〉をもつことが必要な」〔同右、一六―一七頁〕、そのような〈状態〉なのだと。後にボーモン氏への手紙を書くときも同様である。「この〔始原的な〕人間は現実に存在するわけではありません〔…〕。まあいいでしょう。ですがこの人間は仮定によって存在しうるのです[24]」。「いくつかの推測」ないし「仮説的で条件つきの推論」を「あえて試みた」（«Folio», p. 53〔同

（24）O. C., IV, 1984, p. 952.〔西川長夫訳「ボーモンへの手紙」前掲『ルソー全集』第七巻、四七一頁〕

前「不平等起源論」一六頁）のだとルソーが表明するのは、こうした論理に従ってである。さらにしっかりと把握しておく必要があるのは、経験的ないかなる方途も、また当時流行していた、例えば『いさかい』のマリヴォーのような実験的ないかなる方途でさえも（« Folio », p. 53-54〔同右、一七頁〕）ここでは通用しないということである（ここから「あらゆる事実」（« Folio », p. 62〔同右、二六頁〕）の拒絶が生じる）。そして、この仮定が起源への正真正銘の跳躍、すなわち「自己」以外にいかなる支えももたない――それを支えと言えるならばであるが――跳躍に属するということ、言い換えるなら、感性すなわち内的明証性、心の証明、「生きられた」経験といった、「自我」のうちなる自然以外に、いかなる支えももたない跳躍に属するということ、このことも把握しておく必要がある。こうした挙措は、『孤独な散歩者の夢想』の「第二の散歩」における遅ればせの帰結、すなわち実存の純粋な把握にまさしく見られるように、先例のないものである。なぜなら、いかなる確実性も（デカルト的懐疑ではやはり確実性が残っている）、理性によるいかなる保証も、この挙措を指導することはないし、その歩みを止めることもないからである。起源の直観、「自然」の直観は、本来的に目まいのようなものなのだ。

三　超越論性の論理に従って。

実を言えば、この種のなんらかの論理がルソーの挙措に先行しているわけではなく、むしろルソーこそが、その挙措のほうこそが、そうした超越論性の論理を産出するのであって、そして歴史的に産出したことになるだろう。ルソーが起源（「自然」）のなかに探し求めるものは、起源を禁じるあるいは禁じてしまったものの可能性である。つまりこの可能性は、起源の他者ないしその複数の他者（文化、制度、理性、歴史、要するにテクネーの領域に属するあらゆるもの）の可能性のことでもある。このことはまったく疑いない。だがこの禁止の可能性が起源の原因だというのは論外である。別の仕方で言えば、起源はその絶－対性において、みずからがそれの起源となる相手と関係をもたずにはいられない。さもなくば起源は起源でなくなってしまうし、起源の絶対性も絶対性ではなくなってしまうだろう（これはヘーゲルがカントを批判する際の論拠である）。だがみずからがそれの起源となる当の相手と起源が関係をもつとしても、それはその相手が起源の効果ないし帰結にすぎないという形で関係をもつのではない。起源自身と、起源がそれの起源である当の相手とのあいだには、断絶が、裂孔が存在する。起源は、みずからがそれの起源である当の相手の何ものでもない。このことは端的に言えば、起源が原因として、さらには実際に基礎として（少なくともルソーが用いるもっともラディカルな使用域において）考えられない以上、こうした起源は条件として——事実上《デ・ファクトー》の条件ではなく権利上《デ・ジューレー》の条件として——考えられているということである。そんなわけで起源はみずからが起源となる相手の否定的なもの〔ネガ〕である（にすぎない）。超越論的なものの「定式」すなわち「可能性の条件」とは、このことを完璧に言い表している。条件とは、本来的に何ものでもないものであり、純粋な否定性（カントは他に言葉が見つからないので「純粋形式」と言うだろう）であるが、それこそが可能性そのもの（定立ないし実定性〔肯定性〕）を開くのである。[25] ルソーが発見ないし発明するもの、それは否定性そのものとしての超越論的なものであり、お望みなら超越論的否定性と呼んでもよい。またヘルダーリンのように「媒介性」——すなわち無媒介的なものの不可能性の（超越論的な）「〈法〉」であるあの「媒介性」——と言うこともできるだろう。いずれにせよヘーゲルはカントに対する忠実な不忠実さにおいて、その「媒介性」を思い起こすだろう。だがこれはまたハイデガーの言う有限な超越においても鳴り響くことになる事柄である。

技術《テクネー》の可能性の条件としての自然《ピュシス》

ルソーの打ち立てる法がそのもっとも広範な一般性において言明しているのは、ピュシスとはテクネーの可能性の条件である（これは絶対的なパラドクスである）、ということ

(25) これは結局のところ、哲学が「なぜ」の問いをいわば決定的かつ規範的な形で定式化する際の、もっとも首尾一貫した規定である。ライプニッツがそれに当たる（少なくとも、ハイデガーが例えば『形而上学とは何か』と『根拠律』とのあいだで理解したようなライプニッツによる「なぜ」の問いの定式化がそうだ）。しかしあえて言えば、それは「なぜ pourquoi」のなかにラテン語の per quid を聞き取るという条件においてであって、この per quid は ex quo すなわち「何が原因で」でも「何を目指して」でもなく、むしろ「…のためになくてはならないもの」「…のために不可欠（ないし必要）なもの」「何によって＝何を介して *par* quoi」を意味する。だからこそ、これを「いかなる条件において」「何の媒介によって」と訳すことができるのである。超越論的問いとは、「なぜ」の問いを真に立てることであり、この観点においてカントはライプニッツの真理を再現している。

だ。この法——超越論的法そのもの——もまたひとつの根本テーゼを産出する。すなわち、人間は根源的にテクニテース〔技術者〕であるという点で一介の動物ではない、言い換えれば、なにがしかの性質を余計に追加された生物ではない、ということである。人間の本性《ナチュール》は自然《ナチュール》をもたないことである。あるいはお望みなら、人間は自然的存在ではなく、根源的に自然が欠落した存在であると言ってもよい。伝統的に伝えられたのとはまったく異なる撞着語法に従って言えば、人間とは脱自然化した〔変質した〕存在なのである。これは、人間とは、生物ではない生物と言うに等しい（今はこのことにこだわっている場合ではない。他のところで取り上げなおそう）。生物ではない生物だというこのことを、ハイデガーは「死すべきもの」と言う。ブランショはまた別の言い方で、「死すべからざるもの」と付言するだろう。[26]

ルソーが自分自身の発見を前にして、言い換えれば、この深淵を前にして、後ずさりするのは本当である。いずれにせよ、彼の手になるもろもろの定式化は、よく言われるような慎重さの表れなどではなく、狼狽の表れである。要するに、動物的なところのない人間を思考することが、あまりに困難なのだ。あるいはさらに極論すれば、自然の根源的な脱自然化を思考することがあまりに困難であり、この脱自然化は、形而—上学〔超—自然学、ポスト——自然学〕(この語をどのような意味で理解しようと)全体の深淵かもしれないのだ。しかしながらルソーが身を持すのは、まさしくこの思考の淵にである。例えばルソーは「第一部」の冒頭でこう言う。

こうして構成されたこの〈存在〉から、それが受け取りえたあらゆる超自然的な贈り物と、長きにわたる進歩によってのみ獲得されえたあらゆる人為的な能力とを剝ぎ取ることによって、一言で言えば、この〈存在〉が〈自然〉の手の外に出ざるをえなかったさまを考察することによって、私がそこに目にするのは、或るものより力において劣り、また別のものより敏捷さにおいて劣るが、しかしすべてを考え合わせれば、あらゆるもののなかでもっとも有利に組織された動物なのである［…］。(«Folio», p. 64-65〔前掲「不平等起源論」二九頁〕)

(26)この言及は、モーリス・ブランショに関して現在進行中の仕事を参照している。その一部は、一九九七年におこなわれたジャック・デリダをめぐるスリジでの一〇日間にわたるシンポジウムの報告集に、「忠実さ」«Fidélités»というタイトルで発表されている(*L'Animal autobiographique*, Paris, Galilée, 1998)。

そしてその数頁先で次のように明確にする。

〈野生人〉は〈自然〉によって唯一の本能に委ねられているか、あるいはむしろ、みずからに欠けているかもしれない本能をまず代補し、次に〈自然〉のはるか上位にまで自己を高めることを可能にする能力によって埋め合わされている。したがって、〈野生人〉は純粋に動物的な能力から始めるのである［…］。（« Folio », p. 72-73〔同右、三七―三八頁〕）

見てのとおり、ルソーは人間を二度否定的に定義する。すなわち力と敏捷さにおいて劣る動物（しかし比較級が否定性を緩和している）、本能が欠落した、言い換えれば動物性が欠落した動物として定義する。しかしまた二度、叙述は揺れる。人間にはもっと有利な「組織化」（私たちはアリストテレスが利用したエルゴン〔作品〕とオルガノン〔道具〕の語彙系のうちにある）、あるいは「代補」という根源的な能力があると、即座に想定されるのである。実際ここで私たちは「擬似超越論的なもの」の次元において、ジャック・デリダがきわめて厳密に分析した代補の論理に足を踏み入れているのであり、その代補の論理がまるごと、アリストテレスに発するミメーシス論のうちに記載されているのを見て取ることは、きわめて容易である。このミメーシス論では、テクネーはピュシスからの余剰としてしか考えられていないのだ。

そもそもルソーが超越論的演繹（これを生み出すことをルソーは恐れている）と経験論的演繹（これはルソーによって拒絶される）とのあいだで、起源のフィクション、言い換えれば、始まりと移行のフィクションという中間の道を選択せざるをえないのは、以上のような事情による。もちろんこの起源の契機は（単に神の意志にでなければ[27]）なんらかの自然の偶然事に割り振られえずにとどまるか、あるいは奇跡のごとくそうした偶然事に送り返されなくてはならないのではあるが（厳密さは義務を課す）。こうした角度から、いかに超越論的現在が恒常的に語りの過去の様態化に従属しているか、あるいは同じことだが、いかに〈自然〉と〈文化〉の裂け目が単なる「かくも巨大な間隔」（« Folio », p. 74〔同

（27） *Cf.* J. Starobinski, « L'inclination de l'axe du globe », dans *Essai sur l'origine des langues*, *op. cit.*, « Folio », p. 165 *sq.*

右、四〇頁〕）へと縮減されるか、そのさまを正確に研究する必要があるだろう。

だがこの同じ事情がまた超越論的なものの弱いヴァージョンを生み出し、この超越論的なものの弱いヴァージョンは――不可避的に――「学説」の、すなわち人間は自由と完成可能性というふたつの根源的な性質ないし潜在能力によって動物とは絶対に区別されるのだという「学説」の、主要定理であり続けることになる。このふたつの根源的な性質ないし潜在能力は、人間性の vis dormitiva〔眠れる力〕とでもいったものを構成する。とはいえここでの「自由」の肯定は、理性的動物《アニマル・ラチオナーレ》という人間規定にはっきりと対立する。「したがって動物たちのなかで人間の種差となるのは悟性ではなく、むしろ自由な行為者という人間の性質である」（« Folio », p. 71-72〔同右、三六頁〕）。歴史に関する超越論的な反省が、いずれにせよカントのそうした反省が組織されるのは、本質的にここからであることは疑いない。だが起源の問いに関してもっとも決定的な点がそこにないこともまた疑いない。自由と完成可能性は、ルソーがすでに結果の言語を語り、また「システム」への道に踏み出すときに頼りとする観念である。このふたつの観念が『社会契約論』の構築を下支えしていることは偶然ではない。しかしながらそれ以前のところでは、すなわち最初の直観においては、ルソーはまったく他の言葉を、他のラディカルさをもつ言葉を用いている。私の興味を引くのはもちろん、この他の言葉である。なぜならこの他の言葉においてこそ、原初的な大胆さの効力によって超越論的な問題系が明るみに出され、さらにこの問題系が、道徳や根源的市民性の問題系としてではなく、根源的なテクネーの問題系として、到来するからである。そもそもこうした理由があればこそ、私は存在《オント》–技術論《テクノロジー》と言うことができるのである。

3　ハイデガーはルソーの何を恐れたのか

自然状態はひとつの劇場

人間の動物性は、ルソーの注意を本当に引きつけるものではない。この案件は語りないし推定の次元で簡単に片づけられている。動物としての人間、欲求存在としての単なる生物（le *zôon*）が、ゼロ時間の不動性のうちで即座に〔無媒介的に〕充足しているということを除いて、仮説的な「自然状態」について語られることはあまり多くない。「私は彼〔自然状態の人間〕が楢の木の下で満ち足り、原初の〈小川〉でのどの乾きを癒し、食事を与えてくれる同じ木の根元に寝床を見つけるさまを見る。かくして彼の欲求は満たされる」(《Folio》, p. 65〔前掲「不平等起源論」二九頁〕)。ルソーがマルブランシュ、ビュフォン、コンディヤック、(特に)ラ・メトリと交した、動物機械、感覚や情念、観念の誕生などに関する白熱した論争は、ここではあまり重要ではない。それよりも重要なのは、自然状態がかくも直接的な充足状態であったとしても、それでもやはり動物としての人間は「獣」たちと較べると絶対に劣ったままである、という点だ。まさしく人間が劣った存在(要するに下位的動物)であるからこそ、人間はみずからの動物あるいは生命体としての欲求を充足させる術を見出すことができるのだと言ってもよい。もちろんそれは、原基的《エレマンテール》ないし物質的《フィジック》〔自然的〕な生のあり方においてではなく、超《シュル》-生《ヴィ》〔生き-延び〕、言い換えれば超《メタ》-自然的《フィジック》〔形而-上学的〕な生、あるいは同じことだが技術的な生と呼ばなくてはならないあり方においてであるが。[28]

(28) カントが第三『批判』で「自然の技術」について語る際にルソーから受け継いだものに関して真剣な分析を企てる必要があるが、それはまさしくこの点において、そして実を言えば或る種の時間から出発してである。こうした分析はジェラール・ルブランの最新論文《Œuvre de l'art et œuvre d'art》, *Philosophie*, 63, Paris, Minuit, 1999 のなかで暗におこなわれている。

人間のうちなる根源的欠如、自然の本質的欠落――それは一切の固有の本能の欠落そのものである――という発想をルソーが導入するとき、彼はすぐさまふたつの分析をほどこす。

ひとつめの分析は本当は二次的なものなのだが、「〈野生人〉の身体」に関するものである。〈野生人〉とは、言い換えるなら、その裸形性そのものによって力と頑強さに拘束される動物、生き延び《シュルヴィ》の第一条件であるエネルギーに拘束される動物としての人間である。そのとき、ルソー――彼は最初から身体の歴史性に、「〈身体〉を構成するに至る諸変化」(《Folio》, p. 52〔同右、一六頁〕)に大いに注意を払っている――は、野生人の身体を、「彼が知っている唯一の道具」、(ギリシア語の意味における)一切の機械以前の機械〔mēkhanē 創意に富む発明〕あるいは(ラテン語の意味における)一切の産業以前の産業〔industria 熱心な構築活動〕として語る。すなわちそれは、脱―自然的であることが自然であるという原初におけるパラドクス的なテクネーのことであり、人間の根源的な巧みさ《アドレス》や手際よさ《アビルテ》の定義となる(ヘルダーリンはこれを、練達と運命を意味するドイツ語の Geschick と翻訳する。そしてこのドイツ語がもつ思弁的な富を無視するわけにはいかない)。他の言い方をすれば、人間は根源的に作為―知〔作為する―術を知る〕という意味でのテクネー存在なのである。さらにこのことによってルソーはホッブズのテーゼ（人間は好戦的な動物である）を論駁すると同時に、カンバーランドとプーフェンドルフによって確固たるものになったモンテスキューのテーゼ（人間は臆病な動物である）をも論駁できるようになる。野生人は攻撃的でも臆病でもない。その理由は、「人間は動物たちのあいだに分散して生きており、早くから動物たちと競り合わなくてはならない状況に置かれていたので、やがて人間は動物たちの比較をするようになり、その結果、動物たちに力では劣るが、巧みさで勝ると感じて、もはや動物たちを恐れる必要はないということを学ぶ」（«Folio», p. 66〔同右、三〇―三一頁〕）からである。しかし、人間はもはや動物たちを恐れる必要はないということを学ぶのだ、ということは肝に銘じておこう。

というのも実際、テクネーのこの最初の段階（道具的段階）で、比較の根源的な能力を想定しなくてはならないからである。アリストテレスの『詩学』(22,59a) ばかりでなく『問題集』(XXX, 12) のことも思い起こせば、この能力は、根源的な理論能力（類似を見分ける能力、つまりは差異を作る能力 to gar eu métaphorein to to homoion théôrein estin）としての、そして自然の賜物ないし天賦の才、すなわち euphuia〔天恵〕(ingenium〔天性〕) の徴としての、メタファー能力 (to métaphorikon einai) と別物ではない。人間は本能の欠落を「代補」する存在である以上、転義的《トロピック》ないし多重転義的《ポリトロピック》芸術という意味でのテクネーは人間の天賦の才であり、人間の本性上〔自然上〕の脱‐自然的ないし超‐自然的な賜物なのである。人間は転義的な動物である——これもまた創設的な撞着語法の別の表現であり、これはさらに言えば、言語の文彩的な起源という問題にとって、また社会性を切り開く「運送《トランスポール》〔越え運び・追放〕」という問題にとって、どうでもよいことではないだろう（とりわけ『言語起源論』において）。

しかし人間がこうした存在である(これもまたルソーがあいかわらずアリストテレスの延長線上でおこなう別の分析であるが）のは何よりもまず、人間がミメーシス的な動物であることによる。これは第二の段階、言い換えればテクネーのさらに原初的な段階である。人間を（ホッブズのように）他の人間に対立させるのではなく、動物たちに対立させるアゴーン〔闘争〕——このアゴーンは根源的なアゴーンであり、その意味するところは、起源はアゴーン的〔闘争的〕だということである（ヘーゲルもハイデガーもこのことを忘れないだろう）——のうちで、人間はみずからの模倣の天賦の才によって本能の欠落を「代補」する。事実、この模倣が人間の生き‐延び〔超‐生〕（超‐自然的な生〔形而‐上学的な生〕）の第一条件である。

その自然の豊穣さに委ねられ、〈伐採〉の手が一切加えられていない巨大な森に覆われた〈大地〉は、あらゆる種の動物たちに、至るところで〈穀倉〉と避難所を提供する。動物たちのあいだに分散した〈人間〉たちは観察をおこない、動物たちの所業《アンデュストリ》を模倣し、そうして〈獣〉たちの本能にまでみずからを高める。それぞれの動物はみずからの固有財産しかもたないのに対して、人間は自分自身に固有のいかなる財産ももっていないかもしれないが、他の動物たちのあらゆる財産を我がものとし、動物たちが分け合うさまざまな食物の大半を食し、その結果、どの動物もなしえないほど容易に生活の糧を得ることができるという有利さをもつのである（« Folio », p. 65〔前掲「不平等起源論」二九頁〕）。

ここでもまたルソーは、知ってか知らずか、『詩学』にとても忠実であり、とりわけその第四章（48b）の有名な書き出しに忠実である。アリストテレスはそこで人間を mimé-tés phusei〔自然本性上ミメーシス的であるもの〕と定義し、そしてこの定義から、快楽あるいは歓喜――ルソーは「享受」と言っている[29]――を介して、manthanein〔学ぶこと〕と théôrein〔観照すること〕の能力を、つまり転義の能力を、演繹する。だがルソーが『詩学』におけるこうした定義に沿っていることは驚くべきことではない。むしろここで驚くべきは、この人間の定義が役者の定義そのものだということである。そしてルソーは、彼がよく承知していた議論に応答するために、そして実際、後になってディドロが『逆説・俳優について』で彼に反対して再びもち出した議論に応答するために、この役者の定義を『演劇に関するダランベール氏への手紙』のなかで提示し、その最初の主張者となった（もちろん――初期教会の教父たちを反復したわけではないが――プラトンを反復して演劇を断罪するためではあったが）。すなわち、役者はいかなる固有《プロプル》の性格ももたないからこそ、あらゆる性格を我がもの《サプロプリエ》とすることに適《プロプル》しているのである(30)。それはムージルが言うように「特性のない男〔人間〕」（あるいはもっと正確には「固有性のない」男〔人間〕）なのである。

したがって人間は根源的に役者である。つまるところ、それこそが人間の有利な機構《オルガニザスィオン》〔組織化〕であって、この機構のおかげで人間は、「自然によって感覚を与えられ、自分自身を組み立てなおしたり、自分を破壊しようとするあらゆるものから或る程度までは自分を守ることのできる精巧な機械」（《Folio》, p. 71〔前掲「不平等起源論」三六頁〕）以上のもの（言い換えれば、それ以下のもの）となるのだ。私たちはあいかわらずアリストテレスのうちにいる。人間が本性上〔自然と〕未完成の存在であるからこそ、人間における芸術——擬態、言い換えればテクネー・ミメーティケー〔模倣技術〕——は、自然がその作品として生産しえなかったものを完成させることができるのである。もちろん、ルソーはこうした直観を自由と完成可能性という言葉へと翻訳する。「私は人間機械のうちにも同様の事態を見て取るが、〈獣〉がおこなう所作〔強調ラクー＝ラバルト〕においては〈自然〉がすべてであるのに対して、人間は自由行為者という資格でみずからの所作に自然とともに参加するという違いがある」。だがこの自由——あるいは次の頁では「自己を完成させる能力」と言われている——の全体は、何ものでもない〔無である〕がゆえにすべてでありうるという例の天与の才に存するのである。他の言い方をすれば、演じる〔遊戯する〕術を知っているがゆえに、すべてでありうるということだ。

---

(29)「私たちは享受を欲するがゆえに、知ろうとするのである」(«Folio», p. 73.「不平等起源論」三八頁)

(30) *Cf. Lettre à d'Alembert sur les spectacles*, O. C., V., p. 73-74〔西川長夫訳「演劇に関するダランベール氏への手紙」『ルソー全集』第八巻、白水社、一九七九年、九九—一〇〇頁〕; *Paradoxe sur le comédien*, Paris, Garnier-Flammarion, 1967, p. 127-128,131,156,163. この点には後で触れよう。

そうすると、自然状態はひとつの劇場〔演劇〕であると考えてまったく構わないわけだ。もっと正確に言えば、原初的場面は人間の脱自然化を説明しているのであり、すなわち人間が否応なく歴史と文化のなかに、歴史と文化の演技〔遊戯〕のなかに入場――あるいは誕生――していることを説明し、その道理を述べているのだと考えてよい。

カタルシスという問題

この場面〔舞台〕を探し出すことは完全に可能である。この場面が手を変え品を変え規則的に繰り返し現れることも、周知の事実である。[31] 実際この場面は原初的である。それは自由の王国の創設と完成可能性の実践にはるか遠く先立ち、実は両者の前提となっている。それは序文で起こる。ルソーは〈自然法〉という考えを、すなわち彼に提出された主題そのものを拒絶したところである。そして彼は次のように言う。

したがって、人間をその作られたままの姿で見ることしか教えない科学の書物はさておくとして、人間の〈魂〉が有するもっと単純な第一の所作について考えをめぐらせてみると、私はそこに理性に先立つふたつの原理を見て取ることができると思う。ひとつめの原理は、私たち自身の幸福と自己保存に私たちが熱烈な関心をもつということであり、ふたつめの原理は、一切の感性存在者が、主に私たちの同類が、滅び苦しむのを見たくないという自然の感情をもっているということである。このふたつの原理に社会性の原理を加えずとも、私たちの精神がこのふたつの原理を協同させたり組み合わせたりできるということ、このことから自然権のあらゆる法則が発生してくるように私には思われる。理性は、その後で、すなわち理性がその継起的な発展によって〈自然〉を窒息させるにまで至ったときに、この法則を別の基礎のうえに築きなおすことを余儀なくされるのである。(« Folio », p. 55-56〔同右、一九頁〕)

(31) もちろん同じ場面が繰り返されるわけではないが、「原初的場面」はつねに至るところで必要とされているかのごとくである。例えば、『言語起源論』第九章の泉の場面、『新エロイーズ』のブドウ収穫の場面、『ダランベール氏への手紙』の「サン＝ジェルヴェ連隊」の場面、『孤独な散歩者の夢想』の「第二の散歩」における事故の場面、等々である(他にももっとある)。こうした場面の列挙とその体系的な分析が必要だろう。

ジャン・スタロバンスキーは、この母型状態には歴史の弁証法の思考全体が存在すると、言い換えれば、カント以後に展開される歴史性の原理そのものが存在すると考えているが、それは間違っていない。ひとたび自然状態が失われた以上、その自然状態を「別の基礎のうえに築きなおす」ことは、またカントが『実践理性』の仲介による自然と文化の和解」として要請するものを可能にすることは、当の自然状態を否定した理性ないし文化の責任なのだと、自然権の問題系の視点からはっきりと示されている。[32] さらにスタロバンスキーは、「ルソーに従うなら、社会の任務は、社会みずからが否定したものを保存することである」と付言し、これは「ヘーゲルがアウフヘーブンク〔止揚〕と名づけるものの見事な例」を提供すると述べる。たしかにそれは間違いない。だがスタロバンスキーがここで注意を払っていない――私の知るかぎり誰も注意を払っていない――ものは、ルソーが立脚している原理的な（前―理性的かつ前―社会的な）アンチノミーのもつ、奇妙にもおなじみの性格である。その原理的なアンチノミーとは、「人間の〈魂〉が有するもっと単純な第一の所作」［この強調もラクー＝ラバルト］のことであり、ルソーがはっきりと述べているところによれば、一方では、「私たち自身の幸福と自己保存に私たちが熱烈に関心をもつ」が、他方では、「私たちは一切の感性存在者が、主に私たちの同類が、滅び苦しむのを見たくないという自然の感情をもっている」。

この「所作」のうち第二のもの（その分析をルソーは大きく展開している）は憐れみである。ルソーはこの憐れみを、ホッブズに反対して、そしてマンドヴィルのおかげで（とはいえマンドヴィルは「人間の徳に対するもっとも過激な〈誹謗者〉」であるが）、「唯一の〈自然な〉徳」とみなす。それは、「実際の私たちと同じくらい弱く、また同じくらい多くの悪徳に陥りやすい存在者にふさわしい資質」であり、「それが人間においては一切の反省の使用に先立つだけにますます普遍的であり、また有用でもある徳、そして〈獣〉たちでさえときにその徴候を示すこともあるほど〈自然な〉徳」である（« Folio », p. 84〔前掲「不平等起源論」五一頁〕）。第一の所作のほうは徳ではなく（憐れみの役割はまさしくこ

（32）ジャン・スタロバンスキーの注を参照のこと（« Folio », p. 186-187）。また『言語起源論』（O. C. *I*, V, p. CCI-CCIII et p. 1559-1561）の「導入」と本文そのものに付されたふたつの注も参照する必要がある。もちろん、*Le Remède dans le mal*, Paris, Gallimard, 1989〔小池健男・川那部保明訳『病のうちなる治療薬』法政大学出版局、一九九三年〕のなかでスタロバンスキー本人が展開した分析も参照されたい。

の第一の所作を「緩和する」ことである）、自己への愛である。ルソーはこの自己への愛を利己心（これは自己への愛を社会に移植したものである）と注意深く区別し（note XV, «Folio», p. 149-150.〔同右、二二二―二二三頁〕）、「一切の動物を自分自身の保存に留意するように仕向ける自然の感情」と定義する。

たしかに、ルソーは意味深長な仕方で自分自身の発見（それは運送と同一化の根源性の発見、言い換えれば想像力の根源性の発見に他ならないが、この想像力こそが結局のところすでにして、私たちが看取しかけているように、超越論的なものそのものなのだ）を前にして後ずさりする。(33) だが憐れみの問題はあまり厄介ではない。他方、自己への愛――こう言っては本当はいけないのだろうが、自己保存本能――は謎のままだ。ルソーはあいかわらずホッブズとモンテスキューに反対して、自己への愛を、恐れつまりは悪意や憎しみに直接帰そうとはしない。――たとえそれを原初的な闘技に関連させることが、そしてその結果、危険の感知に関連させることが避けられないとはいえ。「自分自身の保存がほとんど唯一の配慮をなしているので、自分の獲物を征服するためであれ、自分が他の動物の獲物にならないようにするためであれ、攻撃と防御を主要目的とする能力が、もっとも鍛えられた能力であるにちがいない」（«Folio», p. 70〔同右、三五頁〕）。ルソーも間違いなく認識しているはずであるが、自己への愛は滅びへの恐れを前提とする。だからこそ自己への愛は、そもそも同情的な投影ないし同一化と切り離しえないのであり、実際、同情的な投影ないし同一化は同じ恐れを前提とするのである。(34)

要するに、恐れと憐れみなのだ。そこには、悲劇の機能によってカタイレインすなわち純化あるいは浄化されるとアリストテレスが語ったところのふたつの pathèmata〔情念〕が認められることになるだろう。（さしあたり純化あるいは浄化というふたつの翻訳を区別せずに受け容れておく。）私は他のところで、悲劇の機能理論は本来政治的であり、アリ

---

(33) とはいえ、『言語起源論』と『エミール』が証示しているように、運送が有する或る種の根源性をルソーが放棄することは絶対にないだろう。ジャン・スタロバンスキーと同じく、ジャック・デリダも、この点について本質的なことを語った。したがってこの問題に触れることはしない。ただ一言だけ言っておけば、ヘルダーリンはその「悲劇的運送」の理論においてこの問題を思い起こすだろう。だが私は他のところですでにこれについては語っておいた。

(34) これは『言語起源論』の第九章（p. 90-91 de l'édition « Folio »〔前掲「言語起源論」一六四頁〕で特に明瞭である。

ストテレスは社会性のふたつの超越論的な（そして二律背反的な）情動を悲劇効果の原理にすえる、という仮説を立てた。その社会性のふたつの情動とは、連合ないし結合の情動（憐れみ）と、分裂ないし脱結合の情動（恐れ）である。政治、そして卓越した政治術《アール・ポリティック》、言い換えれば――別の事柄では全然ないが――芸術としての政治《ポリティック・コム・アール》の任務は、このふたつの社会性の情動が過剰になるのを統制すること、あるいは「緩和する」ことである――万人に対する万人の戦争であれ、また同様に破滅的なものである共同的〔交感的〕融合であれ。（だがこの仮説[35]の定式化を私に許すのはルソー当人である。その場合には、ルソーはプラトンに反対することになる。プラトンは憐れみと恐れのうちに、兵士市民あるいは市民兵士の弱さしか見ない。つまり軍事国家にとっての危険しか見ない。）

そのとき実際に、起源は表象を、すなわちミメーシスないしDarstellung〔描写・演技〕を前提とする。

私は原初的場面あるいは根源的劇場〔演劇〕と言った。なぜならルソーの全分析がどれ

（35）この仮説について誤解のないようにしなければならない。それは悲劇に関するアリス

トテレスの詩学が政治的にのみ解されるということではない。とはいえ……。この仮説が言わんとするところは、ルネサンス以来——神学的-政治的なものの現実的崩壊以来——(例えばマキアヴェリによって) 始められた哲学的-政治的議論が、『詩学』の不安げな読解から切り離しえないということである。それは問われている『詩学』について遡行的に私たちを照らしてくれるかもしれない読解である。したがって、ルソーがここでアリストテレスの注釈をしていると言うつもりはない (とはいえ……)。ルソーが——もちろんその他の何人かの人々も——アリストテレスを照らし出すと言いたいのだ。彼らは『詩学』において問われている事柄を私たちに思考させる。他の言い方をすれば、そしてもっと乱暴に言えば、アリストテレスについての遡行的読解がおそらく必要なのだ。そうした遡行的読解は、ひるがえって近現代の政治哲学を照らし出すなんらかの機会を与えるだろう。そこにはマルクスとフロイトも含まれる (彼らを読むことに同意すればの話だが)。ルソーが『エミール』(O. C., IV, 1984, p. 506〔樋口謹一訳「エミール」(上)『ルソー全集』第六巻、三〇二—三〇三頁〕) のなかで「肯定的ないし誘引的な活動」と「否定的ないし拒絶的な活動」とを対置するのはいささかも偶然ではない、とここで付言しなくてはならない。お好みなら愛と憎しみと言ってもよいし、つまりは魅力と嫌悪である。この発想はすでに『言語起源論』第二章のなかに、言語の「情念的な」起源という標題のもとで見られる。「生存追求の必要によって人間同士は互いに避けあうことを余儀なくされるが、情念はすべて、そんな人間たちを接近させる。人間たちから最初の声を引き出すのは飢えでも渇きでもなく、愛、憎しみ、憐れみ、怒りなのである」。これこそ、ここで問題となることである。

ほど演劇の比喩系に支配されているかを見て驚くからである。

憐れみのケースは明白すぎるほどだ。「〈観客〉としての動物が［強調ラクー＝ラバルト］苦しんでいる動物に親密に自己同一化すればするほど、憐憫は強くなるだろう」（« Folio », p. 85.〔前掲「人間不平等起源論」五二頁〕）。すべてがこの原理に立脚している。そしてルソーの記述全体が実は、悲劇効果の謎――あるいはパラドクス――によって権威づけられていることを見るのは難しくない。ルソーの記述はこの主要論拠のうえに開かれる。「一切の省察に先立つ〈自然〉の純粋運動、自然な憐れみの力は、もっとも堕落した習性でさえ破壊することが困難なものである。〈暴君〉の立場に立ったら、敵への拷問をいっそう過酷にするような人間が、劇場では、不遇者の不幸に心動かされ涙する光景が、日々目撃されるのだから」。さらにルソーはこの論拠にとても執着しており、加筆した箇所で、『ダランベール氏への手紙』のなかのプルタルコスとモンテーニュから着想を得た一節を一言一句繰り返している。「［…］他人の悪事にはとても敏感だった残忍なスラに、あるいはフェロスのアレクサンドロスに似ている。フェロスのアレクサンドロスは、自分がアンドロマケやプリアモスとともに嘆き悲しむのを見られたくないために、どんな悲劇の上演にも出向こうとしなかったが、他方、彼の命令で毎日殺されていた数多の市民たちの絶叫を聞いても、いささかも動揺しなかったのである」(«Folio», p. 85.〔同右、五一―五二頁〕)。この「挿入」についてはすぐ後でとりあげることにしよう。

　しかし自己への愛のケースにも、憐れみのケースに劣らずはっきりと、同じ比喩系が見られる。例えば、恐れをめぐってホッブズとモンテスキューを論じる冒頭からしてがそうだ。「このことは、彼〔野生人〕の知らない対象について当てはまるだろう。新しい〈光景 *Spectacles*〉〔強調ラクー゠ラバルト〕に彼が出くわすたびに、彼を待ち受けている〈物質状態《フィジック》〉が良いか悪いか判断できず、冒される危険と自分の力とを比較することができないそのたびに、野生人が恐れおののくことを私は疑わない」(«Folio», p. 66.〔同右、三〇頁〕)。また注の一五では、自己への愛と利己心との区別について、次のようにある。「〔…〕私たちの原初状態、まったくの自然状態にあっては、利己心は存在しないと言おう。というのもその場合、個々の人間は自分を眺める唯一の観客として〔この強調もラクー゠ラバルト〕、宇宙のなかで自分に関心をもつ唯一の存在として、自分自身の取り柄を判定する唯一の裁判官として、自分を眺めるわけで、そのような人間に不可能な比較作業に発する感情が、彼の魂に芽生えることなどありえない」(«Folio», p. 149.〔同右、一二二頁〕)。

　以上のテクストはおのずと語っている。敷衍説明する必要はないだろう。

根源的演劇性

しかしこの地点で一瞬、事態を宙吊りにしたいと思う。

要するに、ルソーが創設したような存在―技術論、そうして歴史性についての或る思考の可能性を開いた存在―技術論は、演劇を前提とする。実存は、人間がそれを演じるかぎりで、言い換えれば――イマーゴーとイミタチオー（ミメーシス）が同じ意味場に属するということが真実であるならば（そして、それは疑いなく真実である）――人間がそれを想像するかぎりで、歴史的（「歴運的」）なのだ。事実、舞台は原初的である。

これは、ヘルダーリンがみずからの歴史解釈をソフォクレスのふたつの悲劇『アンチゴネ』と『オイディプス王』――前者は古代悲劇を象徴し、後者は近代悲劇を象徴する――の読解のうえに打ち立てた[36]際に、はっきりとルソーから引き出したことであった（歴史とはこの場合、芸術の歴史のことであり、すなわちピュシスとテクネー、自然と文化、「アオルギア的なもの」と「有機的なもの」との関係のことである。――ルソー以来、一切の歴史はもしかすると根本的に芸術の歴史なのかもしれない)。そして、ヘルダーリンがその歴史解釈をルソーから引き出したということのことは、またはっきりとハイデガーが耳にしたがらないことでもある。ハイデガーは、演劇と悲劇に関するヘルダーリンの「理論的」といわれるテクスト(『エンペドクレスの底にあるもの』『ソフォクレスの翻訳に関する注解』)に、ほんのわずかでも注釈をほどこすことに決して同意しないばかりではない。[37]「芸術作品の起源」に関する一九三六年の諸講演における彼の簡潔な宣言が思い出される。そこでハイデガーはヘーゲルを反復して、芸術の存在–神学とでもいうべきものを再導入し、そうしてつまるところ、ひとつの美的–政治的神学を再導入する。ハイデガーは実質的にこう言う。悲劇すなわち悲劇的な詩作品は、演技でも演出でもない、つまり思い切って言えば、演劇と何の関係もない。それは古き神々と新しき神々との闘争あるいは戦闘

(36) *Cf.* « Hölderlin et les Grecs », dans *L'Imitation des modernes*, *op. cit.*〔「ヘルダーリンとギリシア人」前掲『近代人の模倣』所収〕

(37) ハイデガーは講義のあちらこちらでこうしたテクストを「引用」するだけである。そのことを「底意ある」(破廉恥とは言わないが) 仕方で示すことはいくらでもできるだろう。ここでそんな作業にかまけているわけにはいかない。

（Kampf あるいは Streit、つまり polemos）の場なのだ、と。

たしかに、ルソーに対して通告された無視――それは巨大である――、あからさまな哲学的軽蔑は、根拠のないものではない。そもそも私は、ハイデガーのカント読解から、そしてまさしく超越論的図式論（つまりは超越論的構想力）についてのハイデガーの解釈からヒントを得て、ルソーのしり込みに言及したのである。ルソーのしり込みがもっともはっきりするのは、彼がアポリア的なふたつの困難に直面するときである（それは極限的な凝縮点である）。そのふたつの困難が実存論的分析と基礎的存在論の土台のうえで結びつけて扱われると、理性的動物《アニマル・ラチオナーレ》とロゴスをもつ動物《ゾーオン・ロゴン・エコーン》の形而上学への「後退」の資源全体となるだろう。

第一の困難――それは意外ではないだろうが――は、不安に関するものである。情念の系譜学のふとした機会に、ルソーは、野生人が「あらゆる種類の光を欠いている」ので、「〈自然〉の単なる衝動」から派生する情念しか感じないと指摘する。そこで彼は次のように付け加えるのだが、それが経験主義的言い逃れであることは明白だ。「[…] 彼の欲望は肉体的欲求以上のものではない。〈宇宙〉で彼が知っている唯一の善は、食べ物と女と休息だけである。彼が恐れる唯一の悪は苦痛であり、そして飢餓である。私は苦痛と言っているのであって、死とは言わない。なぜなら動物は、死ぬとはどういうことか、永遠に知ることはないだろうし、死とその恐怖の認識は、動物的条件から離脱した人間が手に入れた最初の獲得物のひとつだからである」（« Folio », p. 73.〔前掲「人間不平等起源論」三八頁〕）。

第二の困難の方は非常に有名である。この困難は『社会契約論』に至るまでルソーの全思考を多元的に規定し、そして或る部分では間違いなくルソーの思考に禁止を課す。それは、『言語起源論』のむなしい試みに重くのしかかることになる放棄の表現に集約されている。「私はといえば、積み重なる困難に恐れをなした。言語が純粋に人間的な手段で誕生し確立されえたことなどありえないということはほとんど証明済みだと思う。すでに結合した〈社会〉が〈言語〉の創設にとって必要であるのと、すでに発明された〈言語〉が〈社会〉の設立にとって必要であるのと、いったいどちらがより必要なのか。この〈難問〉に関する議論は、それを企てる気のある人に委ねる」（« Folio », p. 81.〔同右、四七頁〕）。

そうすると、ルソーに欠落しているのは、「言葉《パロール》（あるいは言語能力《ランガージュ》、さらには言語《ラング》、――すなわち die Sprache）を有する死すべきもの」という人間の本質の規定――間違いなく悲劇的な規定――である、ということになるだろう（「言葉を有する死すべきもの」という、一切の存在‐論以前の――ハイデガーを信用するとしよう――この定式は、ハイデガーの最終的な説法を際立たせるものである)。それこそがルソーの「自由主義」の秘密でもあり、またその哲学的不十分さの表われでもある、ということになるだろう。とはいえ――これはまた別の証明作業を必要とすることだが――言語能力を有する、さらには言語を有する死すべきものの兆候が、すでにルソーのなかに見出されるならば話は違ってくる。その場合には、ハイデガーの時代にまで見られるような、プログラム化された政治は〈恐怖政治〉である、ということになるのかもしれない……。つまり死の試練(この「試練」のあらゆる意味で)にもとづく政治である。(38) だがこの簡単な言及はこれだけのものだ(いつか、ジャコバン政治および革命的国家主義全般がルソーに最終的に負うものについて、まじめに問うことができればよいが)。

私たちの達している地点で実はもっと重要なことがある。それはルソーが、「死とその恐怖の認識は、動物的条件から離脱した人間が手に入れた最初の獲得物のひとつである」と語るとき、獲得ということで正確には何を意図しているかを問うことである。別の仕方で言えば、離脱とは何を言わんとするのか、ということである。この場合、距離――すなわちルソーの言い方では「間隔」――の本性《ナチュール》と尺度、共約可能性はどのようなものなのか? これは、自然《ナチュール》と文化との裂け目ないし深淵、すなわち起源の切れ目に関する問いそのものである。したがって、それはアリストテレスが言う意味での manthanein（学ぶこと、獲得すること）、すなわち『詩学』第四章の冒頭の翻訳を凝縮させて言えば、ミメーシス的学習術に関する問いそのものである。要するに、メタという前置詞――メタ－フィジック〔形而－上学〕あるいはメタ－ファー、いずれにせよ越え－運び〔運－送〕――に関する問いそのものである。根源的な脱－自を、あるいは起源――Ur-sprung〔源泉〕、「跳躍」、根源的「湧出」――を、起源の共約不可能な離－脱（Ent-fernung）を、いかに思考すべきか？　ヘルダーリンの言葉で言えば、固有のものへの接近を可能にする唯一のものである脱－固有化を、いかに思考すべきか？　要するに超越論的否定性をいかに思考すべきか？

ハイデガーは、もし彼が望めば、ルソーの思考に注意深くありえた人だった。しかし彼がそれを望まなかったことは明らかだ。そうしてハイデガーは、哲学の歴史と運命――そしてそれと密接不可分な仕方で、「詩」の歴史と運命――のなかに、ルソーの居場所を拒絶した。そのことによってハイデガーは思考のある転回点を取り逃がしたのかもしれな

(38) 私の念頭にあるのは、その奇妙な怨恨にもかかわらず、「印象的」と言えるかもしれないドメニコ・ロスルドの本であり、それはフランス語では、*Heidegger et l'idéologie de la guerre*, Paris, Kimé, 1998. のタイトルで出版された。

い。すなわち政治的なものの起源に関する問いのもとで、思考（つまり形而–上学的なものそれ自体）の起源が突如として哲学的な問いかけの高みにまで上昇したような、そんな転回点を。事実カッシラーや「自由主義思想」がルソーの思考のうちに見抜くことのできなかった（しかしカント、ヘルダーリン、ヘーゲルがしっかりと看取した）事柄を見抜くための材料は、ルソーの思考のうちに出揃っていた（わかりずらい仕方であるのは確かだが）。つまり形而上学の起源ないし可能性は、起源としての形而–上学的なもの以外の何ものでもないということ、それこそが、私がここで不器用にもルソーの存在–技術論と呼ぶものの意味である。

ハイデガーの「スリップ dérapage」――それは文字どおりの除去 dérapage だ――は政治的である。確かに。だがそれは端的に言って、そのスリップが哲学的だという意味である。この自明事に眼をふさぐことは無益だし、災いをもたらしもする。となれば、ハイデガーはいったいルソーの何を恐れたのかという問いは全面的でありつづける。「自然」についての不十分な思考をか？　それが公式見解であり、つまりハイデガーの見解である。残念ながらこの見解では、ハイデガーがルソーを一瞬たりとも読もうとしなかったということになる。だがそれは本当とは思われない。となると、ルソーのなかにハイデガーの恐れたものは、「根源的演劇性」あるいは根源的ミメーシスの思考（これは埋もれてはいるが発掘可能である）だったのだろうか？　そのほうが本当らしく思われる。消去しがたいパラドクスであるが、この「根源的演劇性」の思考を根底において直観させるのはハイデガーその人であり、ほかの誰でもない。この場合、衝突が生じるのはミメーシス概念の根源性をめぐってである。周知のように、ハイデガーはナトゥーラ〔自然〕概念に満足しないと同様、ミメーシス概念にも満足しない。したがって結局のところ、衝突は演劇をめぐって——ハイデガーが根強い憎悪と軽蔑を向ける演劇をめぐって生じるのである。

けれども、ルソーだって……。有名なことだが、ルソーにおいて演劇への憎悪と軽蔑ははるかにあからさまであり、要求されてもいる。そのとき何が問題なのだろうか？ De quoi retourne-t-il?〔彼は何から舞い戻ってきたのか？〕

この点において、問いを宙吊りのままにしておくことはできない。

II　先行的演劇

1　ルソーの引き裂かれた核心

演劇を断罪するルソー

ルソーはにべもなく演劇を断罪するが、その際に彼が用いる演劇思想とは別の思考をルソーその人のうちに見出そうとすることは、一見、無分別な企てのように思われる。またそういうものとして、失敗を運命づけられているように思われる。でなければ、いっそう悪いことに、あらゆる種類の巧妙かつ捏造的な、恣意的で偽りの理論化を生み出すように思われる。「虚しいこじつけ」だと、「パラドクス」をこよなく愛したルソーならば言っただろうか。ルソーが「演劇人」でもあったことを知らない人はいない。彼は劇作品を書き、いくつかの大当たりもとったし、演劇界での出世にも意欲的だった。少なくとも一時期パリやヴェニスの劇場に足繁く通っていたし、古典物、現代物を問わず、包括的な卓越した知識をもち、劇作法に関するとても深い教養をもっていた。それでもやはり「学説」はある。そしてその「学説」にはいかなる曖昧さもない。第一『論文』〔『学問芸術論』〕、さらには『ナルシス』の「前書き」でもルソーが繰り返し述べるように、演劇はそもそも文学全般と同じように社会的・政治的な「毒」である。それは文字どおり、そしてそのあらゆる意味において、民衆の阿片である。演劇をわずかでも「救う」ものは何もない。

この有罪判決についてはあらゆることが言われてきた。それをむし返すのは無益だろう。それでも私はこの問題にこだわる。そして、先ほどはついでに注意しただけだった次の点から出発しなおそう。すなわち、ルソーは第二『論文』の改訂版（実を言えば、それはルソーの死後、一七八二年になってようやく、ムルトゥ＝デュ・ペルー社から出版されたものである）を準備しているときに、「自然な」憐れみの分析（この分析が決定的な射程をもつことにほぼ異論はないだろう）のなかに、『ダランベール氏への手紙』の一節を、それも演劇全般がもつ、そしてとりわけ悲劇がもつ「心的効果《モラル》」と称されるものへの懐疑を正当化する一節を、書き加える必要を感じたのだが、それはいったいどうしてなのか、ということである。覚えているだろうが、ルソーはこう書いていた。「一切の省察に先立つ〈自然〉の純粋運動、自然な憐れみの力は、もっとも堕落した習性でさえ破壊することが困難なものである。〈暴君〉の立場に立ったら、敵への拷問をいっそう過酷にするような人間が、劇場では、不遇者の不幸に心動かされ涙する光景が、日々目撃されるのだから」。そしてすぐさまルソーはまさにそこに、『手紙』から抜き出した例の数行――そもそもプルタルコスとモンテーニュに由来する数行（モンテーニュもまたプルタルコスを写したのだったが）――を挿入するように要請した。「［…］他人の悪事にはとても敏感だった残忍なスラに、あるいはフェロスのアレクサンドロスに似ている。フェロスのアレクサンドロスは、自分がアンドロマケやプリアモス［モンテーニュは『ヘカベとアンドロマケ』と書いていた］とともに嘆き悲しむのを見られたくないために、どんな悲劇の上演にも出向こうとしなかったが、他方、彼の命令で毎日殺されていた数多の市民たちの絶叫を聞いても、いささかも動揺しなかったのである」。

さて、問いはとても単純である。すなわちここで、こうした遅ればせの追加あるいは「挿入」を正当化するものは何か？

そしてこの問いに対する答えも、その結果として、負けず劣らず単純である。すなわち、根源的な憐れみという問題系はまさしくアリストテレスによって多元的に決定されている、というものだ。憐れみの場合ほど明証的ではないが、恐れの問題系も同様である。もちろん、これは確かめられなくてはならない。

『手紙』から出発しなおそう。

このふたつの逸話、あるいはふたつの「例」を、そもそもルソーはいかなるコンテクストのうちで喚起したのだったか？　よく知られているように、それは、さまざまな討議の角度から見てこのテクストの実際の対象と言ってよいアリストテレスの議論をめぐるコンテクストにおいてである。もっとはっきりと言えば、それは、あまりにも有名だが、あまりにも謎めいているカタルシスに対する（激しい）異議申し立てだったのだ。カタルシスとは、「情念」の演劇的表象〔演劇的再現〕がもつ有益な効果（と当時言われていた）、あるいは治療機能ないし道徳機能のことだが、それに対してルソーは異議をさしはさんだのだ。そこでルソーは、演劇を問う人なら誰でもそうしたように（いずれにせよ「古典」時代には）、『詩学』の読みなおしを、もちろん第六章の読みなおしを企てたのだった。『詩学』の第六章は、第四章の冒頭部から、すなわちミメーシス効果に関する中心命題（その命題がなくては、カタルシス説は理解不能にとどまる）から、あいにく切り離されてしまっていた（それはまた慣例が命じるところでもあった）。

『手紙』の通常の注釈によれば、アリストテレスについての議論は、テクストの構成において中心的ではなく、付随的、二次的なものであり、作業上の義務だとされる。あの時代は、当該分野で比類のなかった〈権威〉を、論者が正確に知っていることを知らしめることが作法だった、というわけである。それにルソーはアリストテレスを間接的に（ラテン語で）しか引用しておらず、彼が現実に参照しているのは、同時代のあるいは一七世紀の詩論家たちのみである（例えばクレヴィヨン〔Crébillon Père. 本名 Prosper Jolyot de Crais-Billon（一六七四―一七六二）劇作家。大げさな舞台装置と特異な題材で当たりを取った〕、あるいはデュ・ボス。だがルソーは明らかに、コルネイユ、ラシーヌ、ヴォルテール、そのほか何人かの序論や試論を読んでいた）。またアリストテレスが悲劇に対して好意的だったことに向けられるルソーのあからさまな軽蔑は、演劇の事実、すなわち悲劇と喜劇の混交（『人間嫌い……』とその類似物、その兄弟）を前にして彼が抱いた憎悪（あるいは恐れ）――これは明白にプラトン的である――に対応している。たしかにそうだ。しかし、この「性格づけ」は少しばかり短絡的である。『手紙』で生じている事態は、これとはまったく違う。やはりもう少し詳細に見る必要がある。

　アリストテレスは付随的に登場するのではないし、ましてや「参考までに」登場するのでもない。最初から、あるいはほとんど最初から、アリストテレスは現前している。

　ルソーの言葉を額面どおりに受け取る必要がある（いつものように、事実において）。初期教会の教父たちはプラトンの議論を再導入した（ただそれだけ）との評判（やや軽々に確定された評判）があるが、演劇に対するルソーの批判は、そうした教父たちに感化されているわけではいささかもない。(39) また、それよりはいくぶん確からしく見えるが、「喜劇」や「娯楽」や見世物に対するカルヴァン主義者の嫌悪に感化されているのでもない。教義上の問題についてルソーは自分が何を言っているかくらい十分承知している。そのことは、ジュネーヴの牧師層が「ソッツィーニ主義的」異端だという非難（ダランベールが得意げに繰り返し、陰険に拡大した非難）に対して、『手紙』の冒頭部で彼がおこなっている長大な弁護がよく示している(それは同郷人向けの単なる人気取り《カプタチオ・ベネヴォレンティアエ》ではない)(40)。ルソーが演劇を断罪し、ジュネーヴでの――「ジュネーヴ共和国」での――公共の劇場建設の可能性を激しく退けたのは、そのような理由からではなく、根底において哲学的な理由からである。そしてその論理的帰結として、政治的な理由からである。それゆえにルソーの発想はまったくのところプラトン的なのである。そもそも周知のように、ルソーは当初、「プラトンが演劇的模倣を扱っているさまざまな箇所」の、自身の手になる「翻訳」（翻案ないし敷衍説明）――しかしこれは結局ほとんどもっぱら『国家』の第一〇巻から作成されている――を、みずからの反論に付そうとも考えていたのである。(41)

(39) またジュネーヴの牧師たちに感化されたわけでもない。『キリスト教徒の教育』〔ジャコブ・ヴェルネ著（一七五五年）〕への唯一の言及が、最後の瞬間に注に入れられた（O. C., V, p. 16-17〔前掲「ダランベール氏への手紙」二八頁〕）のは、「非難されるべき」見世物が存在するとしても、「あらゆる身分にとって好ましく有益な教訓を与えることさえできるような」見世物を考案することも可能だと言うためにすぎない。当たり障りのない言及である……。しかし少なくとも本質的な点、すなわち「見世物が民衆のためのものである」〔同右、同頁〕（強調ラクー＝ラバルト）という点は受け入れられている。

(40) ルソーはこの「ソッツィーニ主義」〔ソッツィーニ主義〕を一瞬たりとも否定していない。「ソッツィーニ主義」とは、完全に非理性的と判断されるドグマ、すなわち本質的にはカトリックのドグマ（三位一体、キリストの神性、等々）に帰依することの拒絶――この点ではほとんどダランベールに近い――である。したがって、改革派教会を「セクト」扱いし、「異端」として語ることは言語道断な飛躍だと、ルソーは考える。

ところで、この「断片」を彼は付さなかったのだ。ルソー自身が一七六四年にそれを別個に公表した際に言葉なかばに告白しているように、それが付されなかった理由はいささかも非本質的なものではない[42]。実はルソーによる『国家』の結論的テーゼの想起――それはあちらこちらで、私がすぐにそこに立ち戻るつもりのひとつの例外を除いて、『ゴルギアス』や『法律』からの借用を伴っている――は、演劇自体とほとんど関係がない。そのもっともよい証拠は、周知のとおりの詳細な仕方でにべもなく悲劇に対するプラトン的な批判がまるまる展開されるまさにそのときに、『国家』の第二巻と第三巻への実際の参照が一切ないことである。そこで展開されている悲劇のプラトン的な批判の基礎が何かといえば、それはとりわけ悲劇に固有の表象様式ないし陳述様式の排除であり、さらに叙事詩（ホメロス）までも含めた、「ミメーシス的な」レクシス〔言表〕の断罪、すなわちこう言ってもよいが、作者が身分自身の名において語るのではなく「登場人物」に語らせるような対話様式の断罪である。『演劇的模倣について』は模倣一般に関する論説であり、「慣用」と「製作」と「模倣」の区別にもとづき、「作為」（ポイエイン）の特権的な範例――ここでは建築（『国家』における三つの寝台の代わりに、三つの神殿の例が挙げられている）と絵画――に立脚している。なるほど詩が主要敵ではある。だが大部分のプラトンと同じく、標的とされているのは何よりもまず「悲劇作者の首長」としてのホメロス、すなわち本当は何も知らないのにあらゆる事柄について語ることができると主張し、誤って「ギリシアの設立者」とされたホメロスである。ホメロスは、リュクルゴス〔前九世紀頃。スパルタ

(41) *Cf. De l'imitation théâtrale*, éd. A. Wyss, *O. C.*, V, p. 1195 *sq.*〔未邦訳〕

(42) その「前言」の全体はここで引用される価値がある。「このささやかな〈書き物〉は、プラトンが〈演劇的模倣〉を扱っているさまざまな箇所からの一種の抜粋にすぎない。また、プラトンの原典における〈対話〉形式のかわりに、持続する言説の形式においてそれらの箇所を取り集め、結合させたにすぎない。この作業のきっかけは、演劇に関するダランベール氏への手紙であった。けれども、その手紙に適当に組み込むことができなかったので、ほかのところで使えるように、あるいは完全に削除されるように、別にして取っておいたのだった。その後、私の手の外に出てしまったこの〈書き物〉は、どのようにしてかはわからないが、私と関係のない市場のなかに巻き込まれてしまった。〈原稿〉は私のところに戻ってきたが、〈出版社〉は、その〈原稿〉は善意で取得したものだと主張した。そして私はこの〈原稿〉を〈出版社〉に譲った人の権利を否定したくはない。このがらくたが今日〈印刷〉されることになった経緯は以上である」。ルソーがプラトンのレクシス〔言表〕を取り扱う際の軽さが、特に目につくことだろう。少なくともここで、ミメーシスの様式においてミメーシス様式を断罪することの問題は、ほとんど彼の注意を引かなかったようである。

の伝説的立法者。いわゆるスパルタ式の厳しい法規を定めたとされる〕、カロンダス〔前六世紀頃のシチリアの立法家。古代ギリシアの成文法の成立に大きな貢献をした〕、ミノス〔ギリシア神話で、伝説上のクレタ王。ゼウスとエウロペの子。善政をおこない、クレタを繁栄させた〕、ソロン〔前六四〇頃―前五五八頃。古代ギリシアの詩人、政治家〕らと違って、実際には何も創設しなかったし設立もしなかったのであって、いささかも〈立法者〉ではなかったのである。それにこれまたプラトンと同じだが、容認される唯一の芸術は、国家の詩作〔国家制作〕――結局のところ「神学的―政治的ジャンル」と呼ぶことができるだろうもの――なのである。「しかし〈神々〉を讃える〈讃歌〉と偉人たちの賞賛こそが、〈共和国〉で容認されるべき唯一の〈詩作〉であるということ、その語調の甘美さで私たちを魅了しだます模倣のムーサを一度でも許してしまえば、やがて人間の活動は法や善い美しい事柄を目的とするのではなく、苦悩と悦楽を目的とするようになってしまうということ、このことをいつも思いたまえ。かきたてられた情念が理性にかわって支配するようになる。〈市民〉たちはつねに義務と公正に従う徳と正義の人間ではなくなり、みずからの性向に応じて無差別に善や悪をなすような感性的で弱い人間になってしまうだろう[43]」。

演劇が、とりわけ悲劇が、問題になっていないわけではない。だがここで演劇が考察されるのはもっぱら、プラトンがレクシス〔言表〕に対してロゴス（「内容」ないし「陳述された中身」）と名指すものの観点からのみである。言い換えれば、レクシスは人を欺く「神話」、捏造された寓話を継続するものとみなされ、そのミメーシス的感染力によって、倫理的・政治的に容認しがたい（危険な、下劣な、うぬぼれた、恥ずべき、醜悪な、享楽的な）行動を、すなわち「魂のもっとも虚弱な部分」から生じる行動を誘導するものとみなされているのである。他の言い方をすれば、訴訟にかけられているのはパトスなのである。あるいはお望みならこう言ってもよいが、演劇は根本的に病理的《パトロジック》であり、その論理的帰結として、病原的《パトジェーヌ》なのである。ここから次のような二重の結論――それ自体としてはそのままプラトン的とは言えないかもしれない結論――が出てくる。

〔…〕私たちの国家から〈演劇〉のドラマと作品を追放することは、野蛮な熱狂に従属しないことであって、芸術のさまざまな美を軽視することではない、と心得ておかねばならない。私たちは芸術の美よりも、魂の調和および魂の諸能力の和合から生

（43）O. C., V, p. 1210.

まれる不死の美のほうを好むのだ。(44)

さらに踏み込もう。私たちが不偏不党であるためには、魂の調和から生まれる不死の美が自己弁護に用いうるものを、いささかも模倣に対して与えてはならないし、また不死の美が提供する無垢の快楽がいささかでも私たちに与えられてはならない。[…]私たちはときおり〈詩作〉に耳を貸すことによって、私たちの心が〈詩作〉につけこまれる危険から守られるだろうし、魂の内面的〈共和国〉においても、また人間〈社会〉の〈共和国〉においても、秩序と自由が〈詩作〉によって乱されるのを避けることができるだろう。(45)

偽りの憐れみとしてのカタルシス

しかしながら先ほど私が示唆した例外が存在する。すなわちルソーが公然と『国家』の第三巻の一節から着想を得た唯一の箇所である。そこで問題となるのが最終的に憐れみであるのは、いささかも偶然ではない。

ルソーは、「舞台で目にする感動的で多彩な模倣の数々が引き出されるのは、〔魂の〕感性的で弱い部分」からであるという確認――この確認自体は、先ほど見たように、第一〇巻に由来する――から出発する。「悲哀、涙、絶望、呻吟」に言及したところで、ルソーはつけ加える。「毅然とした、慎重な、いつも自分自身を忘れない人間は、安易に模倣されえない。仮に模倣されるとしても、その模倣は多彩さを失い、さほど〈俗人〉の気に入るものではないだろう」（周知のように、この議論は『手紙』のなかで『人間嫌い』に対して適用されたもののひとつである）。次いで、ルソーは論理的に――ほぼ論理的に――次のように続ける。その宣言のなかで提起される諸概念のうち、ふたつの概念を強調させていただきたい（その理由はすでにお分かりかもしれないが、後で明らかになるだろう）。そこで始まるのは、第三巻のほとんど引用だと言ってよい。

〔…〕人間の心は、自分と絶対に異なると感じられる対象には、決して自己を同一

（44）*Ibid.* もちろん、ここでいう和合とは理性と感性との和合である。

（45）*Ibid.*, p. 1210-1211.

化させることがない。同じく、巧妙な〈詩人〉、すなわち〈民衆〉や俗人たちに気に入られることを求め、成功の芸術を知っている〈詩人〉は、自分の主人である心、英知の声だけに耳を傾ける心の、崇高な似姿をみずからに与えようとはしない。そのかわりに、意義をもつと同時にもたないつねに矛盾した登場人物によって観衆を魅了する。そうした登場人物たちは、〈劇場〉を叫び声とうめき声でいっぱいにし、自分で叫び声やうめき声を観客に出させているにもかかわらず、私たちを彼らに同情するように仕向ける。そして、徳がその友人たちをかくも哀れなものにするのであるから、徳とは悲しいものだ、と考えるように仕向けるのである。(46)

そして第三巻を第一〇巻へつなぐ長い議論が続き、それは理の当然として、「諸能力の衝突」と「魂の〈共和国〉における［…］軋轢」へ帰着する。この「魂の〈共和国〉における軋轢」は端的な〈共和国〉の軋轢に比されうるものであり、言い換えればそれは、或る場合には「聖なる見解」を転覆させ、また別の場合には「善人と悪人」あるいは「真の頭首と反逆者」との関係を転覆させるという理由から、有害なのである。とすれば、最終的に罪に問われるのが、本質的に（偽りの）憐れみ——模倣が惹起する作り物の憐れみ

――であることは、少しも驚くにあたらない。その判決の文言は、『手紙』のなかに見られるものと、ほとんど同じである。

真似をしたら赤面してしまうような事例や、災難のときに陥りがちな弱さに巻き込むような事例を賞賛させる見世物こそ、きわめて有用な〈見世物〉と言われるものなのではないか？　そのようにして自分自身の活用と支配というもっとも高貴な能力を喪失した魂は、情念の法に屈することに慣れてしまう。もはや魂は涙や叫びを抑制することができない。私たちは無関係な対象に対して心動かされるがままになる。そして、空想上の不幸への憐憫を口実にして、徳のある人が過度の苦しみに委ねられていることに憤慨するのでもなく、魂の価値下落に拍手をおくるのだ。私たちは、魂の価値下落が吹き込む憐れみを、私たち自身で賞賛するようになる。私たちは弱さなしに快楽を獲得したと思い込み、良心の呵責もなく快楽を味わう。[47]

（46）O. C., V, p. 1207.

（47）*Ibid.*, p. 1209.（強調箇所はやはりラクー＝ラバルト）

要するにルソーの攻撃対象はカタルシスであり、少なくともこのコンテクスト、すなわちプラトン的「コンテクスト」における非難対象は、憐れみのカタルシスである。となれば当然の帰結として、本質的に標的となっているのはアリストテレスだといえる。まただからこそ、たとえ間接的にであれ、フランスの古典的な詩論家たちという仲介を介してであれ、根底においてアリストテレスに向けられた『手紙』は、プラトンの議論の全体を繰り返す必要が全然なかったのかもしれない。ルソーにとっては、彼が何よりもまず『詩学』に挑み、あるいはその仲介者たち（少なくともルソー以前の二世紀のあいだ「美学」の分野で、卓越した明らかな反プラトン主義者とみなされた仲介者たち）に挑むのに、プラトンにおける演劇の断罪の根拠となり支えとなっているものに暗黙のうちに頼るだけで十分だったのである。こうした条件を考えれば、アリストテレスが『手紙』のなかに最初から存在していると考えること、不幸にもジュネーヴに手を出したダランベールがアリストテレスの名代であると考えることは、少しもおかしいことではない。

異論の余地のない三つの事実がそのことを確証してくれる。

まず第一の事実はこうだ。ダランベールの論文は多彩な問いを惹起するとルソーには思われた。それは言い換えれば、ダランベールが提出すらしなかった多彩な問い、あるいはそれを形にする能力がなかったことを暴露した多彩な問いが存在すると、ルソーが見たということである。演劇に関する議論を開始するやいなや、この種の批判作業に慣れていたルソーは、そうした多彩な問いを積み上げ、列挙していく。そして、そのとき、議論の全体は、「〈演劇〉の真の効果」という唯一の「難問」へと収斂していくのである。これが第一の事実である。ダランベールがいつの日か、「自由な公衆と小さな都市と貧しい国家を扇動して、公的な〈見世物〉に酔わせた最初の〈哲学者〉」（周知のようにこれが『手紙』の政治的な主要論点のひとつである）として現われうると憤激したあとで、ルソーは手心なく攻撃する。

あなたにとっては解決ずみの問いのなかに、私はいかに多くの議論すべき問いを見出すことでしょう！　〈見世物〉それ自体は良いものでしょうか、悪いものでしょうか？　〈見世物〉は習俗とうまく結びつくでしょうか？　共和主義的な厳格さは〈見世物〉を認めることができるでしょうか？　小都市で〈見世物〉を受忍する必要はあるでしょうか？　〈俳優〉の職業は誠実でありうるでしょうか？　〈女優〉たちは他の女性たちと同様に貞淑でありうるでしょうか？　よい法律だけで悪弊を抑えるのに十分でしょうか？　これらの法律はきちんと遵守されるでしょうか？〈演劇〉の真の効用に関してはいまだにすべてが問題です。なぜなら、〈演劇〉が呼び起こす論争に加わっているのは〈教会の人間〉と〈社交界の人間〉だけであって、そのどちらの側もそれぞれの偏見によってしか事態を眺めようとしていないからです。ダランベール氏よ、これはあなたのペンにふさわしい研究のテーマではないでしょうか？(48)

してみれば私たちは最初から、アリストテレスとプラトンとの衝突の中心地にいるのであって、その衝突を真正の哲学者たちの議論に新たに委ねることは緊急の課題であり、〈教会〉と〈俗世〉との副次的なけんかのままに放置してはならないわけだ。「〈演劇〉の真の効果」、これこそが『手紙』の問いである。この問いに、『詩学』が、そして演劇の真理に関するその教え（それは垣間見られただけのものだが）が委ねられているとしても、さほど驚くにはあたらないだろう。

第二に――その余波は即座のものだが――、まずルソーは次のように指摘する。見世物は「民衆向けに作られて」いる以上、それには「無限の種類」が存在しうる（「習性、気質、性格などの多様さに従って」あるいは「国民のさまざまな嗜好」に従って〔同右、二八頁〕。これはあたり前の歴史主義的テーゼである）。また「有用性」ではなく、「快楽」のみが見世物を規定する。「〈舞台〉一般」（というのも結局のところ、演劇の本質はたしかに存在するからだ）は、「そのオリジナルがあらゆる心のうちに存在する、人間の情念のタブロー」〔同右、二九頁〕である。こう指摘した後で、ルソーは一段と主張を強める。情念を矯正することができるのは理性のみだが、しかし、まさに「舞台では何の役にも立たない理性しか存在しません」〔同右、同頁〕。「情念のない人間、あるいは情念をつねに統御するような人間は、何人にも関心をもつことができないでしょう。すでに指摘されていることですが、〈禁欲主義者〉は〈悲劇〉では我慢ならない登場人物です。〈喜劇〉でならば、なんとか笑いの種となりますが」[49]。さらに数頁先では次のように言われるが、そこではっきりと槍玉にあげられているのはカタルシスである（私はすぐにこの問題に立ち返ろう）。「すべての情念は姉妹同士であって、たったひとつの情念でも千の情念をかきたてるのに

(48) O. C., V, p. 14-15.〔前掲「ダランベール氏への手紙」二六頁〕

(49) *Ibid.*, p. 17.〔同右、二九―三〇頁〕禁欲主義者の議論は伝統的なものであるが、ルソーは直接的にはデュ・ボスから借りてきている。

十分であり、ひとつひとつの情念と格闘することは、あらゆる情念に対して心をますます感じやすくする手段にすぎないということ、このことを知らない人はいないのではないでしょうか？　情念を浄化するのに役立つ唯一の道具は理性であって、私はすでに、理性は演劇ではまったく効果がないと言いました[50]」。

最後に、明らかにプラトン的な政治上―哲学上の（つまり倫理上の）偏愛に属するあらゆる事柄がある（周知のように、この偏愛はアリストテレスのビオス・ポリティコス〔政治的生〕の考え方とまったく正反対のものである）。労働時間の節約《エコノミー》ないし仮借なき管理と余暇・無為のほぼ全面的な追放[51]。俳優という（似非）職業に対する有名な断罪――これは『国家』第三巻で繰り返される――を導く、固有性と自己性の優位[52]。「〈国家〉の〈詩作〉」の地平・場・席に置かれた、かくも中傷され理解されなかった（とりわけフランス革命を論じる歴史家たち――反動的歴史家であれ「自由主義的」歴史家であれ――から中傷され理解されなかった）「市民祭」。この「市民祭」はおそらく、ジャック・デリダがかつて「表象の囲い」（すなわち見世物に関する分割そのもの、「ホール」と「舞台」の分離、見るものと見られるものとの分離）と呼んでいたものを突破し破断する最初の企てである。あるいは純粋な見世物、すなわち「見世物」なき見世物、愛と友愛《フラテルニテ》〔兄弟性〕の喜びのう

ちで展開される民衆の自己-表象にのみ還元されるような見世物、そうした見世物のユー

(50) *Ibid.*, p. 20.〔同右、三二頁〕

(51) *Ibid.*, p. 15.〔同右、二六―二七頁〕「こうした制度を一目見て分かることは、〈見世物〉は娯楽だということです。人間に娯楽が必要なことは確かですが、娯楽はそれが必要なかぎりにおいてのみ許されるものであって、少なくとも、その生がかくも短く、その時間がかくも貴重な〈存在〉にとって、無用な一切の娯楽が悪であることには、あなたも同意されるでしょう。人間の境遇にはその本性から派生する快楽があり、さまざまな労働から、関係から、欲求から生じる快楽があります。そうした快楽は、それを味わう者が健全な魂をもっていれば心地よいものではありますが、その喜びを享受する術を知っている者の他人に対する感受性を鈍らせてしまいます。〈父親〉、息子、〈夫〉、〈市民〉には、遂行すべき大切な義務があり、倦怠にかまけている暇はありません。時間の良い使用は、時間をますます貴重なものにします。時間を有益に使えば使うほど、時間を失わなくてすむようになります。したがって、労働の習慣が活動を耐えがたいものにし、良心が軽薄な快楽への嗜好を消すということは、常日ごろ目にするところです。ですが自己自身に対する不満が、純朴で自然な嗜好の忘却が、外国の娯楽をかくも必然的なものにしてしまうのです。人が絶えず自分の心を〈舞台〉に釘づけにしようとするのを私は好みません。あたかも私たちの家にいるのに窮屈な思いをしているようで」。この数行の文章によって、ルソーが末尾で推奨する「市民祭」が暗黙のうちに設定されていることは見やすい（後述しよう）。

トピアを考察しようとする最初の企てである。この愛と友愛の喜びは、交感《コミュニオン》そのもの――（当然のことながら）「スパルタ」式の――であり、あるいは生ける芸術作品としての共同体《コミュノテ》の幸福な現実化なのである。[53]

プラトンとアリストテレスのミメーシス観

以上の結論に到達するためには、少なくともふたつの条件が必要である。このふたつの条件は解きほぐしがたく密接に絡み合っているにもかかわらず、ルソーは不当にも両者を切り離してしまう。それはつまるところ、ルソーが『詩学』を本当には読んでいなかったからである。私の言いたいことを端的に言えば、『手紙』の最終目的であるカタルシス批判は、ルソーによるその批判の観点〔限界内〕において、アリストテレスがミメーシスに認めた機能を見誤ることでしか可能ではない、ということだ。

プラトンのミメーシス観にもとづいてカタルシスを批判することは少しも難しいことではない。それ以上に容易な facile（この表現のあらゆる意味で）ことはない。「情念」の囲

(52) *Ibid.*, p. 69 et surtout 72-74.〔同右、九四頁、九七―一〇〇頁〕これらの頁はディドロが『逆説・俳優について』で「取り上げなおす」ものである。ここでルソーは、明らかに、雄弁家の反例によって、la haplè diègèsis〔率直な論述〕に関するプラトンの教説を、あるいはアリストテレスによる類似の、しかし「中立的な」形式的区別(『詩学』第三章)を踏襲しているようである。「〈雄弁家〉、〈説教師〉は、〈俳優〉と同じく体をはるのだと、まだ私に言う人がいるでしょうか。違いはきわめて大きいのです。〈雄弁家〉が登場するのは話すためであり、〈見世物〉になるためではありません。〈雄弁家〉は自分自身のみを表現し、自分自身〔自己固有〕の役割のみを果たすのであり、自分自身〔自己固有〕の名においてのみ語り、自分が考えていることのみを言うあるいは言わねばならないのです。人間と登場人物は同じ存在であり、自分が居るべき場所にあります。その場合、〈雄弁家〉は、自分の身分の職務を果たしている他の一切の市民と同じです」。

(53) *Ibid.*, V, p. 114 *sq.*〔同右、一六一―一六四頁〕ここでジャン=リュック・ナンシーを暗黙のうちに参照することは、いささかも偶然ではない。他面ルソーには、私が他のところで「国家–審美主義」と呼んだものではないにせよ(政治的な国家観はほとんど表に現れない)、少なくとも「州–審美主義」とでも言うべきものがあり、もっと真面目に言えば、ヘーゲルがギリシア芸術の「主–客的な契機」として思考することになるもの、すなわち〈都市国家〉それ自体の予告がある。ルソーは、ハンナ・アーレントと、それから彼女を受けてジャック・タミニオーとが明らかにした、政治的なものに関するポイエーシス的な考え方の長大な歴史にはまったく関係がない。

い地や、丁寧に制限画定され（そして分離され）た「感性」領域へミメーシスを閉じ込めて、一切の知性あるいは「理論的」機能をミメーシスに拒否するだけのことである。おなじみの過小評価（単なる「模倣」・複製とか、コピーあるいはコピーのコピーとか、見せかけあるいはうわべとか、伝統的な優雅な言い方をすれば「猿まね」とか）も、その一環にすぎない。ところで、アリストテレスはそんなふうにはまったく言っていない。ミメーシスは思考すべきものを与えるのである。ミメーシスの与えるものは思想そのものあるいは思考することではないにせよ、少なくともミメーシスは思想や思考を可能にするものなのだ。ミメーシスは学ぶこと（mathein）と見ること（théôrein）の条件を、言い換えれば、同じものないし似たもの（特異物そのもの、the same）を認識する条件を提供する。ミメーシスの機能は——隠喩や直喩の機能とまったく同じように——学習的であり理論的である。そもそもそこにこそ、ミメーシスが惹起する歓喜（kharis）——あるいはルソーの言い方をすれば「享受」——の理由が、ミメーシスにともなう快楽（hêdonê）の理由がある。生まれながらの自然な（純朴なあるいは生来の）、元来人間的な歓喜や快楽の理由がそこにある。

もう一度引用する必要があるだろうか？

みずからの本性〔自然〕のなかに書き込まれた人間は、子どものときからすでに、表象《ルプレザンテ》しようとする［mimeisthai］傾向と同時に、もろもろの表象《ルプレザンタスィオン》に喜びを見出す［to khairein］傾向をもつ（人間は表象することへの格別の傾きを有し、学習［mathèsei］の初期において表象に頼るという点で、他の動物と異なる）。［…］その理由は、学ぶことは哲学者たちにとってばかりでなく、他の人間たちにとっても快楽［manthanein... hèdiston］だからである［…］。実際、人が像《イマージュ》を見ることを好むのは、見ること［théôrein］によって認識することを学ぶ［manthanein］からであり、人が「そこのもの、それはそれである」と言うときのように、それぞれの事物が何であるか［ti ekaston］を、見ることによって結論する［sullogizesthai］からである。(54)

誰でも分かるように、この分析には或る種の「経験主義」の刻印も見られる。私たちが

（54）*Poétique*, 4,48b, éd. et tr. fr. R. Dupont-Roc et J. Lallot, Paris, Le Seuil, 1980.〔今道友信訳「詩学」『アリストテレス全集』第一七巻、岩波書店、一九七二年、二三―二四頁〕

表象に見出す歓喜・快楽の証拠ないし表徴《シーニュ》（sèméìon）は、アリストテレスが言うには、「実践的経験」のうちに、事実〔作為されたもの〕のうちに（épi tôn ergôn）見出される。そして、この事実が像《イマージュ》ないし図像《イコン》である。アリストテレスがここでまず考えているのは絵画である。「私たちは、実際に目にすると苦痛な事物、例えばまったくおぞましい動物や死体の姿でも、それを巧みに描いた像を見ると快楽を感じる」。同様に、認識（「そこのもの、それはそれである」）の快楽に言及した後でこうも言う。「というのも以前に見たことがなかったのならば、快楽を与えるのは表象ではないだろう。快楽は制作における有限のものから、色やそれに類する別の原因から生じるだろう」。しかしこうした「経験的」な事例（少なくとも最初の例）は、カタルシスのきわめて奇妙な「錬金術」――すなわち苦痛（lupé）を快楽に変えること――を前もって示唆する以外の目的をもたない。このカタルシスは、もっと乱暴に（そして先取りして）言えば、否定的なものを肯定的なものに変えることである。他の点はともかく、この経験的事例がいわば「超越論的ミメーシス論」に対して有する関係は、「鏡像段階」が或る種の存在−心理学に対して有する関係に等しい。すなわち経験そのものの条件、経験の否定しようのないアプリオリを、実地〔経験・実験〕によって、あるいはこう言った方がよければ、その現実存在そのものによってじかに証明しようとするわけである。この意味で、ミメーシス素に対する「歓喜」はまさしくひとつの表徴《シーニュ》なのである。

しかしながら経験主義か否かはたいしたことではない。ともかくルソーはこのテクストを読まなかったのであり、そしておそらくは読みえなかったのである。ルソーは、芸術が自然の模倣であり、模倣は想像的なもの（イマーゴー、さらには ut pictura poesis〔詩的絵画として〕）に属するのであり、（「文学」や演劇における）自然は人間の「性格《カラクテール》」であり情念のことであると考えたが、いずれにせよ、これ以外の考え方（あるいは捉え返し方）をルソーに示唆し、ルソーの歩みをしっかりとした道に導きえたかもしれなかった要素を、古代の伝統、とりわけローマの伝統（例えば、ホラティウスによる詩的機能の「道徳化」）のなかに、あるいは『詩学』に付したアヴェロエスの注釈のラテン語訳に発する、あるいはド・マーベック〔Guillaume de Moerbecke（一二一五―一二八六）アリストテレスのほとんどの著作をギリシア語からラテン語に翻訳した〕が一三世紀に『詩学』の原文を直接ラテン語に翻訳したものに発する（とはいえ本当に影響を及ぼすのはイタリアルネサンス以後であるが[55]）「近代的」伝統のなかに、見て取るのはなかなか難しいことである。もちろんフランス古典主義のなかにこの要素を見つけるのは絶対に無理であって、フランス古典主義はこの主題に関して、チンクエチェント〔イタリア一六世紀の美術・文学・建築等の様式〕からほとんど解放されなかった。アラン・バディウの用語を借りて言えば、どの伝統においても〈ミメーシス素〉は〈学問素《マテーム》〉としての資格をもちえず、唯一その資格に与かることができるとしても、それはただ道徳的なレッスンとしてのみなのである。〈ミメーシス素〉は、それが実際に一切の〈詩〉を不具にするわけではない、という程度の扱いなのである。

その結論は知ってのとおりだ。「〈舞台〉は、一般的に言えば、そのオリジナルがあらゆる心のうちに存する人間の情念のタブローです」。

この第二の条件のもとで、カタルシスをどう理解できるというのだろうか？

ルソーはわからないと告白した最初の人である（そこに彼の深い誠実さがある）。彼は言う。「〈劇作法〉〔〈演劇の詩学〉〕が［…］情念をかきたてながらも、それを浄化するということは分かっています。しかし私はこの規則をよく理解できません。節度をわきまえ賢明であるようになるためとはいえ、激高し狂うことから始める必要があるのでしょうか？[56]」。ルソーは「古典主義者たち」に順応して、アリストテレスのテクストに対して少なくとも四つの誤りを犯すがゆえに、ますますこの規則を理解できなくなる。アリストテレスのとても有名な一節は次のように言う。

悲劇とは、一定の長さをもち完結した高貴な行為の表象《ルプレザンタスィオン》であり、作品の箇所に応じた別々の、多種多様な雅趣によって引き立てられた言語を用いる。とはいえこの表象は劇中の登場人物によって作品化されるのであり、語りに頼るのではない。そして憐れみや恐怖を再現することによって、この種の感情の浄化を実現するのである。(57)

(55) この点に関しては、ミシェル・マニアンが『詩学』の注釈つき翻訳の「序文」第二部で要約している『詩学』の受容史を参照するのが大変有益である（Paris, LGF, coll. « Le Livre de poche classique », 1990）。

(56) O. C., V, p. 19.〔前掲「ダランベール氏への手紙」三一頁〕ジャン・ルーセがみずからの校訂版（*ibid.*, p. 1317）のなかで注記するように、この「規則」に疑念を示したのはルソーが最初ではない。「コルネイユ、フォントネルは同じことをすでに言っていた」。さらにルーセは『コルネイユ注解』のなかでヴォルテールについても同様のことを語っており、ルソーはほとんどヴォルテールの言葉を繰り返しているかのようである。「情念の浄化について言えば、その特効薬が何であるかを私は知らない」。

(57) *Poétique*, 6,449b21（前出のR・デュポン＝ロクとJ・ラロの翻訳による）〔前掲「詩学」二九頁〕。

四つの誤り（いつも同じ誤りであるが）は、よく知られている。

一　「舞台一般」はともかくとして、悲劇は或る行為の表象であって、「情念」の表象ではない。さらに悲劇は文字どおり行為的表象（mimèsis praxéôs）ですらある。それゆえにアリストテレスでは、行為者たちすなわち舞台上で動く登場人物たち（prattontes）の「性格」（èthos）は、本来の意味でのドラマすなわち「現実態にある」ミュトス（すなわち舞台に置かれた、「現前化された」かぎりでの出来事《イストワール》＝物語あるいはブレヒトの言う「寓話《ファブル》」）に対して相対的に従位にある、という結論が出てくる。

二　ここでの「情念」は——仮に情念が存在するとしての話であるが——情念なるもの一般ではない。それはたかだか「恐れと憐れみ」（あるいは同種の情動）にすぎない。少なくとも di'éléou kai phobou が dia mimèséôs éléou kai phobou を前提とするのなら（このことはいささかも確実ではない）。言い換えれば、「恐れと恐怖」が舞台上で表象されることを前提とするのなら。ここで問題となるのは、カタルシスの正確な手段がいかなるものであるか、ということである。すなわち、このふたつの「情念」をただ行為〔演技〕の効果によってのみ観客のうちに喚起するのか、それともそれらの「情念」を舞台上に、行為する登場人物の上にじかに提示〔現前化〕する（これには第一の錯誤を許容する危険がある）のか？[58]

三　カタルシスの対象となるパテーマタ〔情念〕は、単なる「情念」あるいは「感情」ではない。それは苦痛な情動あるいはパテー〔受苦・苦しみ〕による動揺、すなわちパトス全般である。つまりパトスのうちに存する否定的なもの、すなわち歓喜や快楽の反対物である。そこから古典主義の欺瞞的な、しかし抗しがたい命法が出てくる（ルソーはこれに絶えず戦いを挑む）。すなわち「快楽を与えること」（ルソー曰く、もっともましな場合でも

(58) この微妙な差異はほとんど知覚不可能である。しかしながらこの問いは提起されなければならない。私が参照している二人の『詩学』の校訂者は、残念ながらこの問いを提出していない（別の部分では、すなわちカタルシスの分析については（p. 188 *sq.*）、私は彼らに同意する）。簡単な例を挙げよう。『アンティゴネ』の哀歌《コモス》では、アンティゴネは自分自身を哀れんでいるのだろうか？　あるいは『オイディプス王』の終わりのところで、その直前まで哀れむべき存在だったオイディプスがクレオンに対してあのような（恐ろしい）怒りに身を任せるのは、なぜなのか？　どちらの場合にも私たちは、ルソーの言うように「怪物」を相手にしている（ルソーはオイディプスのほかに、ファイドラとメデイアを挙げている）。つまるところそこで提起されているのは、同一化作用に関するあの大変な問いだということが分かる。すなわちカタルシスは同一化作用を前提するのか、という問いである。

「ほだすこと」、最悪の場合には「惑溺させること」）という規則である。

四　カタルシスを医療的な意味で理解すること（「浄化〔下剤〕」、さらにはヒポクラテス流の「同毒療法《ホメオパシー》による治療」）――これはベルナイス〔Jacob Bernays（一八二四―八一）ドイツのユダヤ人古典学者。ギリシアの哲学者について多くの著作を書く〕やフロイトにまで侵入する考え方である――は、おそらく、『政治学』の第八巻一三四二の、音楽的カタルシスに関する有名な一節の誤解にもとづく。そこでのカタルシスという用語の使用は明らかに比喩的である。(59) ところが、ニーチェが激しく告発したように（彼はベルナイスを読んでおり、ベルナイスが挙げる古典作品に通じていた）、このばかげた考えは、もともとの音楽的比喩がさらに道徳的比喩にされてしまうとき、頂点に達する。あるいは発散（Entladung）という用語でもってこのふたつの領域が――さらにそこに精神病理学の領域も加えれば三つの領域が――混同されてしまうとき、頂点に達する。(60)

忌まわしいカタルシス

しかしルソーはこうしたことを彼なりに承知している、あるいは漠然とではあるが予期している。だからこそ彼は脱出口を探すのに困難を覚えるのである。

ルソーはその脱出口を、クレビヨンが『アトレウス』（一七〇七年）の「序文」で提示した解釈（かなり驚くべき解釈であるが）のうちに見出せると考える。その解決策はカタ

(59) この点についても、前出のR・デュポン＝ロクとJ・ラロの注釈に賛成である（*cf.* en particulier, p. 191-193）。

(60)『悲劇の誕生』二十二章を参照のこと。言うまでもないが、だからといって、カタルシスの「宗教的」（文化的ないし儀礼的）解釈が正当化されるわけではまったくない。『政治学』の第八巻で、旋律について語るときでさえ、トランス状態を引き起こすのに適した「憑依的」（enthousiastikai）な旋律について語るときでさえ、アリストテレスがそうした「宗教的」解釈に訴えているようには見えない。いずれにせよアリストテレスは「憑依的」な旋律を、「倫理」や「実践」といった他の次元と同じ次元で取り扱っているのだ。

ルシス作用全体を憐れみの目覚めにのみ関係づけるという利点をもつ。そして私たちにとってもありがたいことに、同時にそれは、私たちがそこから出発した一節、すなわちルソーが後から第二『論文』のなかに挿入したがったほど固執していた一節へと、私たちを連れ戻してくれる。

悲劇は恐怖を通じて憐れみへと導くと言われています。それはよいでしょう。ですがその憐れみとはいかなるものでしょうか？　通りすがりの空虚な感動、それを生み出す幻想と同じく長続きしない感動です。すぐに情念によって押し殺されてしまう、自然の感情の残り滓です。不毛な憐れみ——それはいくばくかの涙に耽って、いささかも人間的行為を生み出しませんでした。例えば残虐なスラは、自分が犯したのではない悪事の物語に涙していました。またフェロスの暴君は〈見世物〉を避けていました［…］［続きは承知のとおりである］[61]。

ルソーは、理解できないというみずからの告白と、この（偽の）解決策への（もちろんまったく「レトリック的」な）依拠とのあいだで揺れながらも、演劇がその本性そのもののによって、いかなる倫理的かつ政治的な有効性をももちえないことを証明するために、さまざまな論拠を積み重ねることをやめなかった。それどころではない。それ以前から、すなわち実際上は彼の酷評文の冒頭からしてすでに、ルソーは演劇に対して、「演劇が付き従い美化するしかない感情［と］習俗を変える能力」を一切認めていなかった。このことはすでに見た。「〈見世物〉のごときものについて言えば、それが与えるのは、それを規定するのは、必然的に快楽であって、有用性ではありません。運がよければ、演劇に有用性が認められることもあるかもしれません。ですが、その主な目的は快楽を与えることであって、〈人民〉を楽しませさえすれば、それで目的はかなり達成されるのです」〔前掲「ダランベール氏への手紙」二九頁〕。ところでこの規定——要するに古典主義の規則——が突如として一般化されてしまう。演劇は、公衆の期待に応えるものとして、公衆を「惑溺させる」ものとして、公衆の意に沿うものとして、すなわち公衆に自分自身の像《イマージュ》を送り返すものとして、いつもそしてどこでも、断罪されるのである。演劇が「国民《ナスィオン》」

(61) O. C., V, p. 23.〔前掲「ダランベール氏への手紙」三七頁〕以下に引用するテクストはすべて、p. 19-25〔同右、三一—四〇頁〕にある。

によって多様であるという議論もここから出てくる。すなわち、イギリス人は血を好み、イタリア人は音楽を好み、フランス人はガラントリを、すなわち「愛と洗練《ポリテス》」を好む。そして時代によっても演劇は多様である。モリエールとコルネイユはもうすでに季節はずれである――古代演劇はなおさらだ。「私たちの時代の〈演劇〉では、最高のソフォクレス作品でさえまったく受けません。このことを疑う人がいるでしょうか？」〔同右、三〇頁〕要するに「こうした簡単な観察から」導かれるのは、「〈見世物〉の一般的な［強調ラクー＝ラバルト］効果は国民的性格を強化し、自然の性向を増強し、あらゆる情念に新たなエネルギーを与えることです」〔同右、三一頁〕という結論である。

けれども、通りすがりに出てきたソフォクレスの例は示唆的である。ルソーはみずからの「自然の憐れみ」理論（恐れの理論ではない）において、或る種の同一化作用をあれほど重視していた。だがソフォクレスの例では、そうした同一化作用が訴訟にかけられている。「最高のソフォクレス作品」について立てられた問いに、ルソーはこう答えていた。「自分にまったく似ていない人々の立場にわが身をおくことはできません」〔同右、三〇頁〕。事柄を少しばかり凝縮させて言い換えれば、カタルシスの権限そのものに対して向けられた攻撃は、偶発的なミメーシス的マテーシス〔学び〕――周知のように、これは断固とした拒絶の対象であり、その結果もっぱら理性を利することになる――に対する異議申し立ての準備の道にすでに踏み込んでいたのである。実はルソーは、カタルシスを可能にするのはミメーシスであることを十分に理解していた。「浄化」は「似ること」一般に、すなわち見せかけ《シミュラクル》を産出し「現実感を喪失させる」活動であるミメーシスに全面的に依拠するということの事実だけから、ルソーは、そうした「浄化」は浄化ではない、それは似たもの〔見かけ・外観〕の次元に属するものにすぎない、と証明したがっていたのである。これは思いがけないことだ。なぜなら、思い起こせば、第二『論文』では、「自然な」（そして学習的と認められた）ミメーシス能力のみが、起源の場面を設立しえたのだから。ディドロが書いているように、「演劇へ移行する」やいなや、文化と歴史が自然を「窒息させる」やいなや、ミメーシスそれ自体の本性が変化する、と信じなくてはならないわけだ。すなわち、ミメーシスの前提である「運送〔越え運び〕」、そして同類と自己の認識をその条件そのものとして保証していた「運送」は、「幻想」の卓越した手段にされてしまう。『手紙』のなかでルソーの証明全体はこのプラトン的自明性へと整序される。言い換えれば、ミメーシスに固有の感染の力という、または情念による汚染がもつ禁圧しえない性格もしくは不治の性格という「自明性」へ。

『詩学』の古典主義的な想起がすでにして、すべてを、あるいはほとんどのことを言っている。「節度をわきまえ賢明であるようになるためとはいえ、激高し狂うことから始める必要があるのでしょうか？」——これは浄化の謎が発動させた最初の懐疑的な問いであった。そこでルソーは議論を開始する。

「いや、そうではない」と〈演劇〉の信奉者たちは言います。「なるほど悲劇は、それの描く情念が私たちの心を揺さぶることを強く望む。しかし私たちの心の変様が、情念に苦しむ登場人物のそれと同じだなどと、必ずしも言っているのではない。それどころか大抵の場合、悲劇の目的は、それが登場人物に与えるものとは反対の感情を私たちのうちにかきたてることにあるのだ」と。さらに彼らは、心を揺さぶる能力を〈作者〉が濫用して、関心を悪く利用するとしても、その過ちは〈芸術家〉の無知と堕落に原因があるのであって、芸術そのものが悪いわけではない、と言います。そして最後にはこう言うのです。情念とそれに伴う苦痛を忠実に写した描写はそれだけで、可能な配慮をすれば、そうした情念や苦痛を私たちに回避させるに十分である、と〔同右、三二頁〕。

ここで「〈演劇〉の信奉者たち」とは正確には誰のことなのか（デュ・ボス、ポレ、さらにはもしかするとディドロ）、そして彼らの議論がどこまで根拠あるものなのか、それはさして重要ではない。むろん意味があるのは、ルソーの応答あるいはむしろ反応のほうだ。そこで語りだすのは自然の声、純粋な内的感情、絶対的に先行する無垢の「自我」である。

> こうしたあらゆる答えの虚偽を感知するためには、悲劇が終わったときの心の状態にのみ相談しなければなりません。劇の後も継続し自分自身のうちに感じる感動、動揺、同情は、情念を乗り越え〔強調ラクー゠ラバルト〕統制できるような次なる状態を告げているでしょうか？　頻繁に繰り返されて慣れてしまう、激しく衝撃的な印象は、本当に、必要とあれば感情を和らげるのに適しているでしょうか？　情念から生まれる苦痛の像《イマージュ》が、同じく情念から生み出される快楽や歓喜のほとばしり（運送）〔強調ラクー゠ラバルト〕の像を、消し去るなどとどうして言えるのでしょうか？〈作者〉が自分の作品をさらに快適なものにするために、いっそう美化しようと心

をくだく快楽の像を？〔同右、同頁〕

驚きのあまり書いてしまったかのようなこの文章が描いているのは、絶対的に心地よい「失墜」の瞬間、享受から表象への眩惑的な転回以外の何ものでもない。それは、ニーチェが『トリスタン』の最後を想起しながら語るような脱自的〔忘我的〕「蕩尽」である。ルソーはこの脱自的蕩尽の特権を――間違いなく彼の意に反して――芸術には認めまいとして躍起になるだろう。ルソーはただ自然を前にした場合（例えば「第五の散歩」のビール湖の場合）にのみ、そうした蕩尽を感じることに同意するのである。（ここから、「田園恋愛詩」や「よき未開人」や「オペラ［…］の文化」に対するニーチェの冷笑と嘲りが出てくる。）だが「情念から生まれる苦痛」を快楽へと変換する――あるいはこう言ってよければ運送する――この奇妙な「錬金術」こそ、カタルシス効果そのものである。そしてルソーは今度は、そのことを知らないわけではない。だがルソーはそのことを拒否する。――拒否といっても、フェティシズム的なVerleugnung（「知ってはいるが、しかし……」）ではなくVerneinung（「そのことを知りたくない」）の（精神分析的な）意味においてである。それがルソーの驚異的な創造能力の原動力そのものであり、彼の作品と思考の引き裂かれた核心、根本的な矛盾である。私たちはまさにここでそれに立ち会っている。そうなると、証明の残りの部分はもはや単なる結果でしかない（だがルソーは論証を一切省かない）。有害なもの、しかも有効であるからこそなおのこと有害なもの、それはミメーシスそのものだと言うとき、すべてが言われていたのだ。結局のところ、ミメーシスが有効である理由は二次的である。ミメーシスの有効性が感じられたのは、ふさわしい確実性を獲得するためだけだったのだ。なるほど、演劇には情動ないし情念を純化する作用がある。しかしそれこそが危険である。

ディオゲネス・ラエルティオスが指摘するように、本当の悪よりも見せかけの悪の方に心が動く傾向があるのだとしたら、また演劇が繰り広げる真似事が、模倣された実際の対象の存在そのもの以上に、涙を私たちから搾り取ることがあるとしたら、それは、デュ・ボス神父が考えるように、感動がまだ弱くて苦悩にまで達していないからではなく、感動が純粋［強調ラクー＝ラバルト］であり、私たち自身にとって不安が混ざっていないからです。そうした虚構に涙することによって、私たちは一切の犠牲を払うことなく、人間のあらゆる権利に応えたことになるのです（同右、三七頁）。

さらに数行先では（そこでは、幸せな運命を約束された「美しき魂」の登場に人々が拍手を送っている）、次のように言われている。

つまるところ、或る人が物語のなかの美しい行動に感嘆し、想像上の不幸に涙するとき、その人になおも何を要求すべきことがあるでしょうか？　その人は自分自身に満足しているのではないでしょうか？　その人は自分の美しき魂に拍手を送っているのではないでしょうか？　その人が徳に対して送ったばかりの賞賛によって、その人は徳に対するあらゆる義務を果たしたのではないでしょうか？　それ以上の何をその人に求めることができましょうか？　その人自身が徳を実践することでしょうか？　その人が演じるべき役割はありません。彼は〈俳優〉ではないのですから〔同右、三八頁〕。

もう一歩で、世界は表象〔上演〕によって演劇（あるいは見世物）として通ってしまうだろう。それは「劇幻想〔こっけいな幻想〕」のなかでも、もっとも悲しくもっとも深刻な幻想である。それは純粋さのおとりのなかにいるにすぎない、悪そのものの極みである。もちろんそれは道徳的な〔心的な〕意味でだが……

とはいえ留意しなくてはならないのは、演劇――いずれにせよ悲劇――は、私が言った意味でのみ現実を失わせるのではない、あるいはルソーの言葉で言えば「免役」するのではない（この「免役」という言葉が意味するところは、舞台上で苦しむなんらかの登場人物に同化することで、私たちが現実の義務を免除されるということである）。そればかりではなく、さらにルソーが言うには、演劇は、その歴史性と同時に形式主義（コード化）にも結びついた二重拘束の効果によって、また「遠ざける」ものでもあるのだ。

演劇のことを熟考すればするほど判ってくることは、演劇で表象にのせられるあらゆるものは、私たちに近づくのではなく、遠ざかるということです。エセックス伯［トマ・コルネイユ〔一六二五―一七〇九。フランス古典悲劇の確立者ピエール・コルネイユの弟。劇詩人〕の一六七八年の悲劇］を見ると、エリザベス治世が〈一〇世紀〉後退するように私には思われます。そしてパリで昨日起きた事件が上演されれば、モリエール時代のものかと思われるでしょう。演劇には、それ自身の言葉や衣装があるのと同じように、その道徳は別にしても、それ自身の規則、準則があります。そのどれもが私たちにふさわしいとは思われません。韻文で話し、ローマ風の衣服を身につけることがばからしいのと同様に、演劇の〈主人公〉たちの徳を採用したとしたら、それもまたばかげたことだと思われるでしょう〔同右、三八頁〕。

ところで、こうした奇妙さ《エトランジュテ》〔異質さ〕あるいは距離は、少しばかり性急にそれと混同されてしまったブレヒトの Verfremdungseffekt〔異化効果〕（これ自体は活動的な、熟慮された「距離化」である）とは正反対のものであって、それゆえに、同一化（免役）の実践的・道徳的効果を霧散させるどころか、逆説的にもそれを強化する。評決は恐るべきものである。

要するにこれこそが、人が大いに強調して褒めそやすこうした大いなる感情と輝かしい準則のすべてが奉仕する相手なのです。すなわち、そうした感情や準則を〈舞台〉上へ永遠に放逐してしまうこと、徳を演劇の遊戯として私たちに示すことになるのです。演劇の遊戯は公衆を楽しませるにはよいものですが、それを〈社会〉のなかにまじめに移し変え〔運送し〕ようとしようものなら、それは狂気の沙汰でしょう。かくして、最良の演劇のもっとも優れた印象であっても、それは人間のあらゆる義務を、束の間の、不毛で、効果のないなんらかの情動へと縮減することなのです。そのとき私たちは、他人の勇気を称えることで自分の勇気に拍手をし、自身でただすことができたかもしれない悪を嘆くことによって自分の人間性に拍手をし、哀れな者に「神のご加護があらんことを」と言うことによって自分の慈愛に拍手を送るのです〔同右〕。

もちろん質的な違いは考慮されなくてはならない。『ベレニス』〔ラシーヌの韻文悲劇（一六七〇年）。ローマ皇帝ティテュスとユダヤ女性ベレニスとの悲恋を描く〕の上演後ならば、人は涙を流すほど感動して出てくるが（「感動、動揺、同情」――ルソーの念頭にあったのは『ベレニス』のことだった。彼は先に進んだところで告白している。invitus invitam dimisit...〔彼の意にも彼女の意にも反して送り出す〕）、『エセックス伯』は、「古代風」悲劇のように、仰々しさと誇張的な古臭さに属する。ミメーシスが有効なのは、それが知覚されないかぎり、あるいはばかげたもの、ステレオタイプにならないかぎりにおいてである。だが倫理的な「委任」も同様である。或る矛盾が舞台（一般）に棲みつき、さらに舞台効果に憑依することもある。つまり情念のミメーシスはつねに感染的とはかぎらない。要するに、一般に実践的な効果はつねにそれ自身に無関心であるということだ。「情念の浄化」ではないにせよ「安堵」があるのは、他人に対するあるいは私たち自身に対する義務の軽減のおかげである。端的に言えば、平穏を（幻想的に）与えられるのは意識（良心）なのである。だからこそ、ルソーはアリストテレスの『詩学』に欠けているものを「代補する」（彼ならばこう言ったことだろう）ことができる。すなわち、「もっと簡素な装置」（一種のレアリズム、私たちへの接近）を前提とする喜劇は、徳を茶化すことによってほとんど類似の機能を果たすのだ（ここでもまた『人間嫌い』を参照せよ）。そして周知のように、「滑稽さは［…］悪徳の好む武器です」（同右、三九頁）。喜劇においては、同一化は投影といわば二重である。——少なくともルソー自身にとっては（あるいはルソーと同類の誰にとっても）。ディドロとの最初のいさかいが生じたのは『手紙』の起草中のことではなかったか？　ルソーは『私生児』のなかの「意地悪な人間は孤独である」という宣告を、自分のことだと受け取ったのである。だが「公衆」にとっては、一切の義務から解放されたと感じることで十分なのだ。演劇を見て笑うこと——それはまじめで通っているものを笑うこと以外ではない――は、涙や賞賛と同じ結果を生み出す。すなわち私たちに重くのしかかり、私たちを苦しめるものを舞台上に委任するのである。カタルシスは卑しい安堵に過ぎない。表象は私たちを免責する。

つまるところ、演劇はそのあらゆる効果において、そこに要約される。なるほどカタルシスかもしれないが、しかし幻想的な、あるいは忌まわしいカタルシス。

2　ルソーの弁証法

ギリシアという例／例外

前の頁の最後で、すべてが尽くされてしまったように見える。評決は恐ろしいものであるばかりでなく、控訴を許さない。ルソーがさまざまな事例によって評決を確証しようとする前に、あるいはいくつかの悲劇の主題を（筋と性格をとりまぜて）検証することによって証拠書類を提出しようと試みる前に、すでに裁定が下っているのだ——ここでもまたアリストテレスが助けとなっている。

公益を目指す〈見世物〉の形式に関して、それを完成させるという考えを人は提示しようとしますが、以上のすべてのことは、こうした無駄な考えを棄てるように私たちに迫るのです。〈見世物〉において事物の真の関係が忠実に示されることを期待するのは［…］誤りです。というのも、一般に［強調ラクー＝ラバルト］〈詩人〉は、人民の嗜好にあわせるために、こうした関係を変質させるしかないからです。喜劇では、〈詩人〉は事物の関係を縮小して人間の下に置きます。悲劇ではそれを英雄的にするために拡張して、人間性の上に置きます。こうして事物の関係は決して人間に釣り合わず、演劇ではつねに私たちの同類とは別の〈存在〉［この強調もラクー＝ラバルト］を目にすることになるのです。付言すれば、この違いはきわめて真実でありよく知られたものであって、アリストテレスは彼の詩学のなかでそれをひとつの規則にしているほどです。「喜劇は現に私たちの周囲にいる人々よりも劣った人物を描写することを意図し、悲劇は優れた人物たちを描写しようと意図する」。これこそが巧みに作られた模倣なのではないでしょうか？　それはまったく存在しないものを対象として提出し、存在するものを無用の物であるかのように、不足と過剰のあいだに打ち棄てておくのです。幻想さえあればよいのであって、模倣の真理性が何だ、というわけです。人民の好奇心を刺激することだけが重要なのですから。精神上のこうした作品は、他の大多数の作品と同じく、喝采を受けることだけが目的なのです。〈作者〉が喝采を受け、〈演者〉がその分け前に与るときに芝居はその目的を達したのであり、それ以外の有用性がそこに求められることなどありません。ところで善が無であるなら、残るのは悪です。そして悪は疑いえないものなのですから、私には問題は決定済みのように思われます［…］[62]。

しかし仔細に見てみると、事はそんなに単純ではない。とりわけ普通そう思われているほど単純ではない。

事実ルソーは模倣としての模倣を断罪しているわけではない。彼が断罪するのは「詩的《ポエティック》」あるいは「創作的《ポイエティック》」な模倣だけである。言い換えれば、それが「精神上の」ものであろうとなかろうと、その語のもっとも疑わしい意味で好みにあうことのみを目的とするような、そんな一切の「生産」を断罪するのである。演劇では、「存在するもの」は、「〈存在〉」は、「私たちの同類」として提示（現前化）される。そのとき模倣は、「巧みに作られた」ものとなり、「模倣の真理性」ということさえ言われるようになる。しかし演劇は幻想しか（再）提示〔(再)現前化＝表象〕しない。それは、使用される手段が何であれ（すなわち笑いであれ涙であれ）、幻想（あるいは「虚構」）のみが「好みにあう」からという単純な理由による。さらにまさにこの理由から直接的に、今度はカタルシスが幻想であることが説明される。すなわちカタルシスは誤った邪悪な安堵であり、中身のない有害な安堵である、というのだ。「善が無であるなら、残るのは悪です」。だが権利上は、よい模倣の可能性は何ものによっても禁じられていない。例えば、思い起こせば、「起源において」見られた、情念の効果的な浄化（純化ではないにせよ）の可能性のように。

したがって、ルソーが攻撃するのは演劇そのもの〔同としての演劇〕なのである。あるい

(62) O. C., V, p. 25.〔前掲「ダランベール氏への手紙」三九―四〇頁〕ここはルソーがアリストテレスを「直接に」引用する最初で最後の箇所である〔実は、ルソーは『詩学』第二章四八〔前掲『アリストテレス全集』第一七巻、二二頁〕のラテン語引用とその敷衍を、ミュラル〔Beat Louis de Muralt（一六六五―一七四九）。ベルン生まれの文学者。『イギリス人とフランス人に関する手紙』（一七二五年）の作者〕から取っている。ルソーはまた『新エロイーズ』でも、パリから書かれたサン＝プルーの何通かの手紙のために利用している。ジャン・ルーセの注（p. 1322-1323）を参照のこと。

は少なくとも、生成しおえた演劇、すなわち「一介の演劇」なのである。ここで、「完成」という言葉は決定的なものとみなされなくてはならない。「完成」とはつまり、そのもっとも基本的な定義において、一切の「完成可能性」の終わりのことである。「〔…〕〈見世物〉の形式に関して、それを完成させるという考えを人は与えようとしますが、以上のすべてのことは、こうした無駄な考えを棄てるように私たちに迫るのです」。すでに見た図式に従えば、ルソーは芸術を断罪しているわけではいささかもない。ルソーは「完成された芸術」、言い換えれば「自然」へと（再び）生成した「芸術」、それが生まれてきた元の対立そのもの〔「自然」と「芸術」〕を止揚するような芸術への希望を保ち続けている。周知のように、これはカントの仲立ちを経てシラーが引き取った教えであり、シラーはこの教えをその最終的な帰結に至るまで明らかにし延長することに、全身全霊を傾けたのである。それは、文学における「純朴なもの」と「感情的なもの」に関するシラーの考察、またそればかりでなく、「近代」演劇に与えられた、古代悲劇と「古典」悲劇との対立を止揚する可能性に関する考察の対象そのものでもあった[63]。

ジャン・スタロバンスキーの注によれば、「完成された芸術」というこの表現は、『社会契約論』の最初の版に現れている。「『悪そのもののなかから、悪を矯正すべき治療薬を引き出す』必要がある。というのも、もし人間がその術を知り、それを望むのなら、『完成された芸術のうちに、始まってしまった芸術が自然に対してなしたもろもろの悪の償い』を見つけるだろうからである」(O. C., III, p. 288〔作田啓一訳「社会契約論（ジュネーヴ草稿）」『ルソー全集』第五巻、白水社、一九七九年、二七九―二八〇頁〕)。さらにスタロバンスキーはこの図式

(63) ここで私は、ペーター・ションディの有名な分析「純朴なものは感情的なものである」(Peter Szondi, « Le naïf est le sentimental », dans *Poésie et Poétique de l'idéalisme allemand*, Paris, Minuit, 1975) を参照するとともに、『近代人の模倣』に収録したテクストのいくつか（とりわけヘルダーリンに関するテクスト）を参照する。シラーの演劇理論に関して本質的に私の念頭にあるのは、ゲーテの『イフィゲネイア』と同時にカントの第三『批判』のインパクトの下に書かれた、一七九一―一七九三年の研究「悲劇的対象から得られる快楽の基礎について」のことである。この研究は一七九〇年にイエナ大学でおこなわれた悲劇に関する講義（「悲劇芸術について」「悲壮について」）の結論を繰り返している。後の『メッシーナの花嫁』（一八〇三年）の序文――これはフリードリッヒ・フォン・シュレーゲルの最初の文献学的作業「悲劇におけるコロスの使用について」の読解を前提とするものである――は、まったく別のいくつかの問題を提起している（これを最初に認識したのは『悲劇の誕生』におけるニーチェだった)。シラーはルソーの結論を巧みに引き寄せて、演劇の純然たる復権に専心する (*Cf.* F. Schiller, *Textes esthétiques*, tr. fr. N. Briand, Paris, Vrin, 1998.)

を、『言語起源論』における音楽的模倣についての議論のなかにも探知してこう付言する。「同じ発想が、言葉を代えて、『エミール』の冒頭に再び現れる」[64]。

　しかし、悪から治療薬を引き出すこと、これはカタルシス作用そのものの目的であり、少なくとも医療的な解釈においてはそうである（ルソーは、それが当然のことであるかのように、この解釈に同意している）。もしかすると、思弁的アウフヘーブングが実際にはカタルシスのこうした解釈と無縁ではないということが見え始めているのかもしれない（カタルシスはアウフヘーブングの形ではっきりと考えられてはいないが）。この問題については、後で手早く触れるとしよう。

　いずれにせよ、演劇の或る種の起源は、「一介の演劇」とは別の演劇があることを私たちに悟らせ、その結果私たちは、たしかに「〈舞台〉一般」に対してではないにせよ、とにかく「〈見世物〉」に対して、別のものを期待するようになるのだ。模倣の真理性と浄化の効力を思考することは禁じられていない。さらに、「演劇の真理性」（この表現はルソーのものである）とその「有用性」とを、演劇の本質そのものにおいて、あるいは演劇の起源において、演劇の「完成」[65]状態において、把握する必要がある。すなわち絶対的な例外、をなす、演劇のギリシア的契機において。「〈舞台〉」以前のところで。

ルソーは二度そこに立ち返る。

一度目は、さまざまな事例――この事例はすべてフランス現代演劇から取られており、ルソーの最初の大きな結論（私たちが読んだばかりの結論）の例証となるべきものである――を一瞥した最後に、ルソーにとって、よき模倣が提示しうるよき悲劇的登場人物ないし「性格」がどのようなものであるかを定義しようとするときである。ルソーは、クレビヨンの『カティリナ』と、彼に応答したヴォルテールの『救われたローマ』とを分析し、さらにこれもまたヴォルテールの『狂信あるいは預言者マホメット』を、そして最後にクレビヨンの『アトレウスとテュエステス』を分析する。分析の結果は前もって与えられている。「［…］異論の余地なく、いまだかつて存在したなかでもっとも完全でもっとも整っ

(64) *Ibid.*, p. CXCIV（これは『言語起源論』に付されたスタロバンスキーの「序文」である（O. C., V)）。私がすでに指摘したように、J・スタロバンスキーは他のところで、これこそまさしくヘーゲルのアウフヘーブング〔止揚〕の最初の素描であると示唆している。

(65) 現代喜劇の考察へ移るときに、ルソーははっきりと言う。「喜劇をその完成において、言い換えればその誕生において捉えましょう」(O. C., V, p. 31.〔前掲「ダランベール氏への手紙」四八頁〕)。そして論じられるのはモリエールである。

た〈フランス演劇〉は［…］輝かしい〈英雄〉たちよりも大悪党たちの勝利の場ではないでしょうか？　カティリナ、マホメット、アトレウス、その他多くの登場人物がその証拠です」[66]。「悪党」たち（とりわけ「腹黒いアトレウス」）とあまりにも崇高な〈英雄〉たちとのあいだには、何も存在しない。誰も、一人の人間も、一人の私たちの「同類」もいない。ただテュエステスだけは例外である。だがその理由は（それがどれほど驚くべきものと思われようと）、テュエステスが、アリストテレスに従って、「悲劇的登場人物」の理想と想像されるものに逐一対応するからなのである。言い換えればオイディプスに――そしてテュエステスに……[67]。ルソーはセネカについてではなく、クレビヨンのリメイクについて、次のように語る。

この戯曲に関する議論を終えるに先立って、多くの人々にとっては欠陥と映るかもしれないものを、私は長所として指摘せずにはいられません。テュエステスの役はおそらく、私たちの舞台にのせられた役のなかで、もっとも古代趣味を感じさせるものでしょう。それは勇敢な〈英雄〉ではまったくありません。徳の模範でもありません。また悪党であるとも言えません。それは弱い人間ですが、しかしながら、彼が人間であり不幸であるというただそのことだけで、興味深い人間です。またただそのことだけで、彼がかきたてる感情はきわめて優しく胸を打つように私には思われます。というのも、この人間は私たち各人にごく細かい点までよく似ているからです。それに対して、英雄的行為《ヒロイズム》は私たちの胸を打つというよりも、私たちを圧倒します。なぜ

(66) O. C. V, p. 26.〔同右、四一頁〕

(67)『詩学』第一三章五二b―五三a〔前掲「詩学」四六―四七頁〕実際にこの箇所は、アリストテレスが恐れと憐れみを惹起するのに適した「構造」(sunthesis)――「性格」や登場人物ではなく――の型を考察する有名な箇所である。義人は幸福から不幸へ移ってはならず、反対に悪党は不幸から幸福へ移ってはいけない。というのも憐れみは、みずからの不幸に責任がない人間にのみ妥当するものであり、恐れは同胞の不幸に際してのみ喚起される(phobos... peri ton homoion)からである。「それゆえ中間のケースが残る」とアリストテレスは言う。「それは、徳と正義において卓越してはいないが、かといって悪徳や邪悪さのためでなく、なんらかの過誤(hamartia)のために不幸に陥る人間のケースである。そうした人間は大きな名声と大きな幸福に恵まれ――例えばオイディプスやテュエステス――、またその種の家系の輝かしい成員でなければならない」〔同右、四七頁〕。ルソーはオイディプスのケースを特に取り上げてはいないが、このアリストテレスの一節を熱心に敷衍している。

なら結局のところ、そういった行為については、私たちにはどうしようもないからです。私たちの崇高な〈作者〉たちが彼らのいつもの高揚から少しばかり降りてきて、ときには苦しむ単なる人間のために私たちが優しい気持ちを抱くようにさせてくれることが望ましいのではないでしょうか。不幸な〈英雄〉のためにしか憐れみを抱かないということになると、私たちは誰に対しても憐れみを抱かなくなる恐れがあります。(68)

そしてルソーはすぐさま付け加える。「古代人たちは〈英雄〉をもっていました。しかし舞台には人間をのせたのです。反対に、私たちは〈英雄〉しか舞台にのせず、そして私たちはほとんど人間をもっていません。古代人たちは私たちよりも整っていない言葉で人間性を語りました。しかし、私たちよりも人間性をよりよく発揮するすべを知っていました」〔前掲「ダランベール氏への手紙」四五頁〕。そこで次のような問いが暗黙のうちに提示される。この問いは不可避的である。すなわち結局のところ、いったいなぜ古代演劇（実際、近代演劇は大概が古代演劇の模倣である）は、かくも多くの「怪物」を、そしてあのような「怪物」たちを、人前にさらしたのか？　オイディプス、ファイドラ、メデイアは言うに及ばない。さらには、「自分の娘を生贄にする」アガメムノンや「自分の母親を殺害する」オレステス、その他にも何名もの「怪物」がいる。なぜこうした醜悪な犯罪、こうした「残忍な行為」なのだろうか？　そうした行為はなるほど「劇作品を興味深くし、徳の訓練になる」が、しかし同時に、「〈人民〉の眼を彼らの知るはずのない恐怖に慣らし、ありえないと〈人民〉が思う大罪に慣らす」。ギリシア人たちはどのようにして、そのような見世物の教えを受け容れることができたのか（「［…］人間は自由でない、そして［…］人間は〈天〉によって犯させられた罪ゆえに〈天〉によって罰せられる」――オイディプス。「嫉妬の激高は、どこまで一人の母を残酷にし変質させうるのか」――メデイア）、どのようにして、想像もできず不可能だと思われるほど徹底的な、悪の光景を寛容にも認めることができたのか？

ルソーの応答は次のようなものだ。この応答をきわめて注意深く読まなくてはならない。私たちは後でいくつかの補足的な指摘をまじえながら、シェリングの最初期の或るテクストのうちに、その思弁的翻訳版を見るだろう。

（68）O. C., V, p. 29.〔前掲「ダランベール氏への手紙」四五頁〕ジャン・ルーセの注によれば、「興味深い intéressant」という単語は、古典時代では、「同情 compassion〔共感・共苦〕を抱かせる」を意味する。

ギリシア人たちがそうした見世物に耐える［強調ラクー＝ラバルト］ことができたのは、人民のあいだにつねに流れていた国民的な古代の彼らなりの表現としてであって、彼らにはそれをたえず思い出す理由がありました。またその醜悪さも彼らの視野のなかに入っていました［強調ラクー＝ラバルト］。同じ動機と同じ関心を失った現在、その同じ悲劇は、そこに描き出される情景や登場人物を支持することのできる、［この強調もラクー＝ラバルト］観客を、いかにしてあなたがた［「地上に存在するもっとも穏やかでもっとも人間的な人民」であるフランス人］のあいだに見出すことができるでしょうか？[69]

別の言い方をすれば、そしてニーチェのように語るなら（ニーチェは同じ問いを立てることになる）、ギリシア人たちにおいて、苦悩と恐怖に対する寛容の度合いは、いったいどれほどのものだったのか？　「醜悪さ」（これはルソーの言葉――とても道徳的な言葉――である）に対する寛容の度合いはどうだったのか？　あるいは、アリストテレスの言葉に翻訳しなおせば、いかにしてギリシア人たちはかくも多大な苦痛を楽しんだのか？

この苦痛を、今度はフロイトの語彙を用いて不快と呼んでもよいかもしれない――例えば「舞台上の精神病質の〈登場人物〉たち(70)」の不快と。

　ルソーの応答は、彼以後の多くの他の人々とは違って、「アリストテレス的な」形では、少なくとも「アリストテレス的」とみなされる形では表明されていない。ルソーの応答は、美学的――精神生理学における意味（ベルナイス、ニーチェ）であろうと精神病理学における意味（フロイト）であろうと――な解釈を許容するものを一切含んでいない。もちろんプラトンからの圧力は、アリストテレスの道徳的（「古典的」）な読みによって多重化されてはいるが、それでもその圧力は何よりもまず、そして本質的に政治的な圧力である。あるいは歴史的―政治的な圧力である。だが同時にまったく驚くべきことに、プラトンの圧力は、プラトンが意味しようと望んだのとはまったく反対方向へ向かう。すなわちギリシア人たちは「自分たちの神話」を（本当に）「信じていた」わけではないが、少なくとも神話を信じる習慣と、神話を思い起こす（政治的な）もっともな理由――たとえそ

（69）*Ibid*., p. 31.〔同右、四七頁〕
（70）拙論« *La scène est primitive* » dans *Le Sujet de la philosophie*, Paris, Aubier, 1979. を参照されたい。

れが「国民的な」理由にすぎないにせよ——をもっていたのである。ギリシア人たちが彼ら自身の歴史《イストワール》（ハイデガーはこれを歴運的な現存在《ダーザイン・ヒストリアル》と転写するだろう）(71)を信じていたということ、このことこそが、ギリシア人たちの宗教の本質でさえあった。ここでいう宗教 religion とは、relegere（「取り集めなおすこと」）と religare（「結びつけなおすこと」）のふたつの意味を同時に含む。すなわち伝統あるいは記憶と、政治的結合あるいは国家（〈都市国家〉）である。『手紙』の起草とほぼ同時期に、ルソーはサン＝プルーにパリから手紙を書かせている。そのモチーフはすぐに『手紙』本体のなかに現れることとなる。「悲劇の制度化はその発明者たちにあっては宗教という基礎をもっていました［…］。ギリシア悲劇は、現実の出来事にもとづいて、あるいは観客たちによって現実だとみなされた出来事にもとづいて展開されていたのです」(72)（松本勤訳「新エロイーズ」（上）『ルソー全集』第九巻、白水社、一九七九年、二八九頁）。このことは、模倣がギリシア悲劇においては勝手に作り出されたものではないということばかりでなく、カタルシスがきわめて現実的な効果をもっていたということを、はっきりと意味している。すなわち、模倣は「現実」と称されるもの（「現実主義」や「真実主義」という意味で）に正確には属さないし、ましてや失われた崇高さにも属していなかったということである。模倣が現実的であった——そしてこれが模倣の正しさの尺度であった――のは、ヘーゲルがまさしくアイスキュロス（『エウメニデス』）やソフォクレス（『アンティゴネ』）を参照しながら人倫《ジットリヒカイト》（「倫理性」あるいは「倫理世界」と翻訳しよう）と呼ぶものによる。ギリシア人たちの悲劇は、それがギリシアのエートスのミメーシス（呈示＝現前化《プレザンタスィオン》）であるからこそ、教えだったのである。それは「有益」だった。そしてその理由はきわめて簡単である。すなわちそれは「一介の演劇」などではなかったのである。

これは、もっと先のところでギリシアの例――それは言い換えれば「ギリシアという例外」でもあるのだが――が二度目に召喚される際に、確証される事柄である。その確証は論証の驚くべき厳密さと一種の雄弁の陶酔（ディオニュソス！　とヘルダーリンは言った）によっておこなわれる。この第二の召喚は、俳優すなわちミメーシス的人間と、その道徳性に関する大変長大な論述のさなかに突如として現れる。すでにお分かりのように、

(71) ルソーの事例の範囲内なら、一九三五年の『形而上学入門』(tr. fr. G. Kahn, Paris, Gallimard, 1967) の「存在と現れ」の章におけるオイディプスへの言及を参照すれば十分である。

(72) ジャン・ルーセの注を参照のこと (O. C., V, p. 1327)。

ルソーはプラトンの証明をほぼ反復している。しかしやはりルソーは、ローマ時代からつとに俳優たちが犠牲となってきた「普遍的な」断罪——Quisquis in scenam prodierit. [...] infamis est.〔舞台に登場する者は誰でも、恥ずべき者である〕——のところで躓く。この断罪〔刑事的でも道徳的でもある断罪——名誉剥奪判決〕は、〈教会〉によって現代にまで中継されるものであるだけに、そして多分に「そこからは偏見しか生じない」だけに、ますますルソーは躓く。だが反論は一切なされていない。「もし私が、こうした偏見はキリスト教の誕生以前にローマ人たちのあいだでできあがったものであり、またそうした偏見が〈人民〉の精神のなかに漠然と流通しているばかりでなく、厳しく明示された法律によって、すなわち俳優は恥ずべき者であることを宣言し、俳優から〈ローマ市民〉の称号と権利を剥奪し、女優を娼婦と同列におく厳しい法律によって権威づけられていることを知らないならば、私はこの偏見を〈聖職者〉どもの大仰な演説のせいにすることもできるのでしょうが」〔前掲「ダランベール氏への手紙」九五頁〕。そうしてルソーは空論を批判するが、突然ギリシア人たちが「舞台にあがる」。実際、「見世物」は神話的なのだ。

この点で他のあらゆる人民と同じ格率をもたなかった唯一の人民——私はこれをた

だひとつしか知りません。それはギリシア人です。たしかに、〈演劇〉という職業はギリシア人たちのあいだではそれほど不名誉なものではなく、ギリシアには、国家のなかで、あるいは外交使節として、なんらかの公務についた〈役者〉の例もあります。ですがこの例外の理由は容易に見出せるでしょう。一、〈悲劇〉は〈喜劇〉と同じくギリシア人が発明したものだったので、彼らはいまだにその結果が分からない状態に対して、前もって軽蔑の念を抱くことがありえなかった。またその結果が分かり始めたときには、公論はすでにそれに慣れていました。二、〈悲劇〉はその起源においては何か神聖なものをもっていたので、それを演じる役者たちは最初は、〈道化役者〉としてではなくむしろ〈聖職者〉と見なされたのです。三、〈芝居〉の主題はすべて、ギリシア人たちが熱愛していた古代の国民的な事件からとられていたので、彼らは役者たちのうちに、作り話を演じる者よりは、自国の歴史を同胞の眼の前に再現〔表象〕する教養ある〈市民〉を見ていました。四、ギリシア人こそ生まれつき自由な唯一の人間であると信じるほどに、自分の自由に対して熱烈だったこの〈人民〉は、自分たちのいにしえの不幸と〈支配者〉たちの犯罪を、激しい歓喜の感情をもって思い起こしていました。これらの偉大な情景はたえず彼らを教化し、彼らはこの教化の道具にたいしては或る程度の尊敬を禁じえなかったのです。五、〈悲劇〉は当初、男だけによって演じられており、彼らの舞台上では、今日私たちの舞台をすべて悪習の学校にしてしまっているあの男と女の恥ずべき混合がまったく見られませんでした。六、最後に、彼らの見世物には今日の見世物のあさましさがまったくありません。彼らの劇場は損得勘定やけちな根性で建てられてはいません。彼らは暗い牢獄のなかに閉じ込められはしなかった。役者は観客に出資をあおぐ必要がなく、自分たちの夕食を確保するために木戸口を通るお客の数を横目で数える必要もなかったのです。

〈青空〉の下で国民全体を前にしておこなわれたこの偉大な素晴らしい見世物は、至るところで、戦い、勝利、褒賞、つまりはギリシア人たちの熱烈な競争心をあおりたて、彼らの心に名誉と栄光の感情をかきたてることのできる対象ばかりを提供しました。同じ情熱にかられた役者たちが彼らの才能に応じて、競技の勝者や、しばしばその国の第一級の人々に与えられる名誉を分けもったのは、魂を高揚させ感動させるのにふさわしい、あの雄大な装置のただなかにおいてだったのです。このようにして遂行された役者という職業が彼らを卑しめるどころか、役者をときにはその登場人物の高みにまでひきあげるかのように思わせる、あの勇気の誇らしさとあの高貴な公正無私を彼らに与えたことに、私は少しも驚きません。しかし以上のすべてのことにもかかわらず、ギリシアは、スパルタを例外として、決して良俗の例として引き合いに出されはしませんでした。また演劇を許可しなかったスパルタは、舞台に登る人々に名誉を与えないようにしていました。[73]

たしかにルソーは間違っている。のちに指摘されるように、スパルタにも演劇は間違いなく存在した。これはルソーも認める。[74] しかしスパルタに言及しそれをアテナイに対置した際にルソーにとって重要だったことは、不道徳という一切の非難から純粋なギリシアを救うことであった。文字どおり崇高なその頁の最後でスパルタに触れることは、アテナイにおいてさえ演劇が「一介の演劇」ではなかったことを強調するのに適している。そしてこの同じ機会を利用して、そのモデルを明らかにラケダイモン〔古代スパルタの正式名称〕にもつ究極的な「〈市民祭〉」の地盤を――用心しつつも――標記しようというのである。[75]

（73） O. C., V, p. 71-72.〔前掲「ダランベール氏への手紙」九七―九八頁〕

カタルシスと弁証法

崇高という単語を私は「見逃さ」なかった。私がその単語を使ったのは、先の引用文で問題になっているのが高揚（heben〔もち上げる〕, erheben〔上へ上げる〕, erhaben〔隆起した・崇高な〕、等々）——これだけですでに十分だろう——だったからという、単にそれだけの理由からではない。さらに、立て続けに提出された論拠のなかで、「〈青空〉の下で国民全体を前にしておこなわれたこの偉大な素晴らしい *superbes*［しかと強調すべき単語である］見世物」が結論として喚起されるなかで、本質は次の点にあるからだ（これが第四の論拠である）。すなわち、「ギリシア人こそ生まれつき自由な唯一の人間であると信じるほどに、自分の自由に対して熱烈だったこの〈人民〉は、自分たちのいにしえの不幸と〈支配者〉

（74）ジャン・ルーセの注（O. C., V, p. 1350）を参照のこと。「この件について、ルソーはJ・D・ル・ロワの手紙を受け取った。ル・ロワは『ギリシアのもっとも美しき記念碑の荒廃』（一七五八年）の著者であり、その著書のなかにスパルタの演劇のことも出てくる。『劇場はまだ大部分が残っていた。パウサニアス〔前五世紀。スパルタの将軍。ギリシア連合軍を指揮してペルシア軍を破る〕とプルタルコス〔五〇頃—一二五頃。古代ローマ帝政期のギリシア系歴史家・伝記作家。『対比列伝』（英雄伝）の作者〕もスパルタの劇場のことを語っている［…］』。一七五八年一一月四日のルソーからの返信。『スパルタの劇場の件に関して、私のばかげた誤りを指摘してくださった善意に感謝を申し上げます［…］。版を改めた際に、あなたの手紙を使わせていただければと存じます』［…］。これは一七八一年の版でなされた」。だが現代のほとんどの版では、まったくそうなっていない……。

(75) 用心しつつもというのは、単に次の理由による。すなわち、スパルタの舞踊は裸でおこなわれ、とりわけ若い男女が混じり合うことが前提であること、また祝祭にあっては、ワインの利用がまったく禁止されていないこと、等々の理由である。（「現代の」俳優とりわけ女優に対して「厳格主義者」であるルソーは、それと同じくらい、両性のあいだの「包み隠し」のない、欺瞞のない関係（「というのも道徳的な一切の悪は、また政治的にも悪であるからです」p. 100〔同前「ダランベール氏への手紙」一三二頁〕）、愛情と感情に従った、すなわち身体と魂（心情）の感動に従った関係を弁護する。もちろん結婚を視野に入れてのことである。ここから、あのように物議をかもすことになった（民衆の）ダンス会の称揚が出てくる。軍隊の祭典でさえ（サン＝ジェルヴェの有名な連隊の祭典のことp. 123-124〔同右、一六三―一六四頁〕）、女性を排除しなかったどころか、その反対であった。

たちの犯罪を、激しい歓喜の感情をもって思い起こしていました」。まったくのパラドクスである。すなわち、自分の自由に酔うこの人民は、なるほど〈歴史〉主体としての最初の――もしかすると唯一の――人民であり、自律的で、そうしたものとして自己を意識していた人民であったが、それと同時に、自由に取り憑かれ、一種の激高、絶対自由主義のマニア〔狂気・偏愛〕（ギリシア人たちの「狂気」――これはプラトンの言葉である。ヘルダーリン、ニーチェはここで開かれなおす道のなかで、その謎を見抜こうとするだろう）の餌食となって、みずからの隷属時代の恐怖の提示〔現前化〕と再記憶化に、言い換えればその恐怖の思考（mens〔理解・反省・心〕, memoria〔記憶・記録・考え・意識・物語〕; denken〔思考すること〕, andenken〔追想すること〕、等々）に、この上なく激しい快楽――歓喜ないし享受――を覚えていたのである。この恐怖の見世物は、もっとも字義どおりの意味（バークが取り上げるだろう意味）で恍惚とさせるばかりではなかった。それはまた、カントが崇高について言うように、思考すべきものを――この場合は自由の〈理念〉そのものを――与えもしたのである。それは教化するのだ――例えば「人間の美的教育」〔シラー〕と言われる意味で。見世物がもつ解放と高揚（これらは同じ事柄である）の力は、厳密に学習的なものであった。別の言い方をすれば、悲劇は、ギリシア人たちにおいて自己否定そのものから生まれた狂信的な自由、そして運命的あるいは「宿命的な」自由を、その本質へと純化するものだったのである。ギリシア人たちの自己否定とは、ルソー以後一世紀にわたって繰り返される言葉で言えば、専制政治のことである。それは、その終わりを確認する転覆（ヘルダーリンの言葉では Umkehrung〔反転〕）に至るまで繰り返されるだろう。すなわち〈革命〉に至るまで。あるいはこう言ってもよいが――だがそれについては改めて語ることにしよう――「急展開」に至るまで。ヘルダーリンはルソーを読んでいたので、ソフォクレスの表題を『専制君主オイディプス王』と翻訳するだろうし、『アンティゴネ』を「共和的な」戯曲にするだろう。(76)

　カタルシスはアウフヘーブング〔止揚〕の形式のうちにある（止揚の形式における純化である）。いずれにせよ、アウフヘーベン〔止揚すること〕はカタイレインの「翻訳」となるだろう（その証拠を手早く提出しよう）。しかし哲学の全将来がそこに賭けられることになるこの翻訳が可能となるのは、ルソーが弁証法の論理それ自体をそれとして形式化することなく、「自然」とその他者（あるいは他者たち）との関係の論理として確立したとい

(76) この点について、ヘルダーリンに関する私自身の試論を参照されたい（そのなかには、*Métaphrasis*, suivi de *Le Théâtre de Hölderlin*, Paris, PUF, 1998.〔高橋透・吉田はるみ訳『メタフラシス。ヘルダーリンの演劇』未来社、二〇〇三年〕がある）。

う事実だけによるのではない。（ルソー自身は、少し後のディドロと同じく、「パラドクス」としか言っておらず、自分のもっとも骨の折れる言説を撞着語法の形象の上にしか据えていない。） さらに、ルソーが弁証法の論理をアッティカ悲劇の事例にもとづいて確立することが、そしてギリシアを歴運的な例外とすることが必要だったのである。

ここで問われている純化が、なぜ何よりもまずギリシアそれ自身の純化であるのか（傲慢で、侮蔑的で、好戦的なあのちっぽけな民族、とニーチェは大体そのように言う）は、以上のことから説明できる。この純化は、ドイツ人たちがあまりに安直にルソーの同時代人ヴィンケルマンの功績に帰する純化よりも、やはりはるかに大胆な純化である（だがルソーはこのことをわかっていただろうか？）。それが真なる純化——すなわち恐怖や錯乱を前にしても尻ごみすることなく、それを直視し、たじろぐことなくそれを維持しつづけるといった真なる純化である、ということの理由からだけでも、はるかに大胆な純化である。ギリシアの純化の本質は、自己の否定性の否定にある。ギリシアの純化は、ギリシア人たちの演劇は「一介の演劇」ではなかったという定式のうちに凝縮され、そのうちで明らかとなる。この定式は、ハイデガーその人がヘーゲルに発するものとして想像しながら、一九三〇年代に至るまで夢遊病のごとく繰り返した定式である。[77] だがそうなると、こ

（77）Ｅ・マルティノが出版した「芸術作品の起源」に関する諸講演の最初の版（前掲書）のうちには、この定式のもっとも「粗製の」（あるいは「粗暴な」）転写が読み取られる。ハイデガーは、「〈大地〉」（ピュシス）と「〈世界〉」（テクネー）との関係を「例証する」と見なされた、あの有名なギリシア神殿の例を提示した直後に、次のように言う。「ここで、すべてが転覆される［強調ラクー＝ラバルト。Alles ist da umgekehrt］。すなわち事物にその容貌（この容貌のおかげで、事物は将来において可視的となる）を最初に与えるのは、きちんとした姿勢をとり続ける神殿なのである」等々。つまりテクネーがピュシスのヴェールをはがすのである。「そして神の彫像も同様である」とハイデガーは付言する。神の彫像は、「何はともあれ、神の様相――これは誰にも分からない――を単に知らしめることだけを目的とする似姿などでは絶対になく、神そのもの『である』作品なのだ」等々。さらにハイデガーは続ける（翻訳を若干修正――ラクー＝ラバルト）。「さらにまた言語作品――悲劇――も同様である。そこでは、何も実行され（上演され vorgeführt）ないが、古き神々に対する新しき神々の闘争（Kampf――時は一九三五年である）が開かれるのである」等々。「自然法」論文、『精神の現象学』の「人倫」の章、『法哲学』、『エウメニデス』、『アンティゴネ』。私たちは次のようなもろもろの戦いを知っている。すなわち、古き法権利に対する新たな法権利の戦い、昼に対する夜の戦い、オイコスに対するアゴラの戦い、女性に対する男性（anēr）の戦い（ルソーの五番目の論拠を見よ）、専制政治に対するデモクラシーの戦い、隷属に対する自由の戦い。たしかにヘーゲルである。しかし何よりもまずルソーである。このルソーに対する負債の否認は、少なくとも政治上明らかである。

の本来命題的な定式は、ほとんどあらゆることについて、少なくとも、ここであえて言えば、〈芸術〉あるいは〈文化〉、テクネー一般に属するあらゆることについて言えてしまう。すなわち一見したところ「付け足し」(「代補」のこと)と見える、言い換えれば、本当には現前的＝現在的ではなく、でっちあげられ、複製され、代理として派遣されたと見えるあらゆることについて言えてしまう。これは結局のところソクラテス的な安易さである。実際ルソーはプラトンをよく読んでいた。だがルソーがプラトンを再導入するそのとき(ギリシアのあの「復権」が、俳優の欺瞞それ自体についての、すなわち俳優による偽りで有害な、感染的な「芸術」についての長大な——そしてプラトン的な——論述のなかに挿入されていることを忘れないようにしよう)[78]、彼は文字どおりプラトンをひっくり返すが、そうすることでルソーは、プラトン主義の否定がプラトン主義の証明になるという、その後繰り返される未来の哲学的演劇とでも呼びうるようなものの創始者となる。

(78) ルソーが言うように、ギリシアの復権は「余談」である。それが終わるや(「ローマ人たちに話を戻しましょう。彼らはこの点に関して、ギリシア人たちの例に従うどころか、まったく正反対の例を提示しました」)、俳優に対する「プラトン的」な攻撃が再開される。それはディドロが一言一句応答しようとしたとても有名な一節である(ここでも改めて前掲『近代人の模倣』所収の「ディドロ、パラドクスとミメーシス」という拙論を参照されたい)。「俳優の才能とは何でしょうか？　それは自己を偽る術、自分の性格とは別の性格をまとう術、自己の存在するところとは違った風に見せる術、覚めつつ燃える術、本当に思考したならば自然にそう考えるはずのこととは違うことを言う術、要するに、あまりに他人の立場に立ちすぎるがために自分自身の立場を忘却する術です〔…〕」――等々。これで終わりではない。さらには、俳優たちの買収体質と腐敗が、演劇の商人経済が、社会的役割の横領（〈王〉への変装）が、詐欺とトリックが、告発されなくてはならない。しかし周知のように、本質的な不平の種は、「低俗さ、虚偽、滑稽な思い上がり、恥ずべき品性の堕落といったものの混交が、〔俳優を〕あらゆる種類の登場人物に――だがあらゆるもののなかでもっとも高貴なもの、すなわち俳優が放棄した人間の高貴さは除く――適したものにする」ことである。それは俳優が、雄弁家とは違って、「自分のものとは異なる感情を披瀝し、言わされることしか言わず、しばしば空想的な存在を表現し、自分が演じる〈英雄〉たちによって、いわば自分を滅却し無化しているのです。このような人間忘却のなかにまだ何かが残っているとしても、それは観客の玩具となるためなのです」(O. C., V, p. 72-74〔前掲「ダランベール氏への手紙」九八―一〇〇頁〕)。このように、人間の否定である俳優――言い換えれば「演劇的」ミメーシス（最新のルソー主義者ならば、今日、「(商業) スペクタクルな」ミメーシスと言うだろう。ルソーも商品に関する議論まで含めて賛成したと思われる)――は、人間における否定性の指標なのである。ギリシア人たちの非演劇的演劇の事例が理念的＝理想的に「止揚」させてくれるはずのものは、まさしくこうした否定性なのである。

実際ルソーは、プラトンがまさに〔紀元前〕三八五年に、すなわち悲劇が存在することをやめた年――なんにせよ、悲劇がかつてあったものとしては、つまり競争（アゴーン）、唯一的な表象、ディオニュソス信仰、ほぼ強制的な祝祭ないし儀式としては、存在することをやめたまさにその年――に、『国家』を書いたことを知っているかのようだ。その年は、（唯一アッティカを除いて）ギリシアの至るところで、アイスキュロスからエウリピデスまでの「古典劇」を反復するための「レパートリー演劇」が設立され始めた年であった。五〇年後にアリストテレスの教えが論じることになる、まさにあの「演劇」（ta théatra）である。要するに「遅ればせのもの」である。

しかし――これがルソーの稲妻のごとき直感なのであるが――もうひとつ別のギリシア、が、プラトン以前的な、あるいは手っ取り早く言えば「ソクラテス以前的な」ギリシアが存在する。絶対に先行的な、したがって純粋に古来的《アルカイック》なギリシアが存在する。そのギリシアは生来の原初的な完成のうちに、みずからの否定それ自体を包蔵する。すなわちヘレニズムの「退廃《デカダンス》」、ローマ化、つまるところキリスト教を包蔵する。キリスト教はギリシアの偽りの止揚であり、あるいは（結局は同じことだが）ギリシアをネガとして保留することである。そして疑いようのない悪化である。[79] 端的に言えば、肝心なのは、新たな範例なのである。すなわちルソーは私たちが今日「別の舞台」と呼ぶものを「発明」（言い換えれば発見）するのである。だがその「別の舞台」はまさにまだひとつの舞台ではないし、また将来においてもはやひとつの舞台ではないような舞台である。もちろん舞台となる可能性――言い換えれば危険――をはらんではいるが。(80)

結局のところ、プラトン主義の最初の（プラトン的）転覆を読み取ることのできるこの頁で、ギリシアについての近代的な神話が設立されているのである。しかも持続的に。実際これはまさしく哲学の舞台そのものである。たしかに、この先行的なギリシアには――あるいは同じことだが、この前演劇的な悲劇には――なおも多くの要素が欠落しており、ドイツの文献学者たちだけが、こうした要素をもたらすことをみずからの任務とすることとなる。その欠けた要素とは以下のものである。コーラス、ふたつの空間（オーケストラとスケーネー〔舞台〕）、音楽、ふたつの言語、ディオニュソス信仰、悲劇ないしは悲劇的

(79) もちろん、ルソーはキリスト教に対してきわめて慎重な態度をくずさない。だが『手紙』の冒頭と同じく、私たちがここで読んでいるあらゆる頁において、ルソーの含むところ、さらには彼の敵意は明白である。いずれにせよローマに対する、そして〈教父〉たちに対する敵意は明白である。プロテスタンティズムがそうさせるのだ。

な名称の母型的撞着語法（例えば、主流となった例だけに限るが、オイディプス――すなわち見えたことによって知る者、アンディゴネ――すなわち反対者に生まれついた女性あるいは反対する女性）、熱狂と抑制、陶酔と夢想、現前化不可能な恐怖と形象、エリニュエスとアテナ、アポロンとユノー（あるいはディオニュソスとアポロン）、ふたつの法（夜と昼、血とロゴス）、性差などなど。またたしかにルソーのギリシアはあまりに「政治的」で、言い換えれば、あまりに共和的ないし民主主義的（要するに、あまりにスパルタ的）である。俳優たちは教養ある市民あるいは政治家《オム・デタ》〔国家の人間〕にすぎず、事件の語り手というよりもむしろ「市民宗教」の司祭とみなされる。支配と隷属との対立をいわば記憶術によって反芻すること、「国民的な古代」の称揚、公民教育としての「演劇」、国家芸術の無償性……こうしたことすべては、まだシラーなら少しは喜ぶかもしれないが、ナポレオンが通り過ぎた後では（そしてローマが再建された後では）、シラーの後継者のほとんど誰からも――マルクスは例外として――喜ばれない。しかしそれでもルソーは、悲劇的効果すなわちカタルシス作用を理解しようと打ち込むことによって、「先行的な」ギリシア（つまり悲劇）を根本的な敵対関係《アンタゴニスム》の場として思考した最初の人であることにかわりはない。この根本的な敵対関係は、昇華としての悲劇効果がはらむ矛盾――あるいはパラドクス――によって隠蔽されると同時に暴露される当のものである。そして昇華とは、恐怖の（再）現前化によって惹起される歓喜のことであり、現前化不可能な〈自由〉の（再）現前化において感じられる自由な歓喜のパラドクス以外の何ものでもない[81]。すなわち翻訳すれば、記憶にならないほど古い隷属を告発〔暴露〕することで得られる快楽のことなのだ。そもそもルソーがこの敵対関係を指摘しながら、あれほどまでにギリシア人たちの闘技的

(80)「まだない」から「将来においてもはやない」へのこの移行、あるいは両者の等価性は、ハイデガーが「記念碑的な歴史」というニーチェの考え方（前掲『近代人の模倣』所収の「歴史とミメーシス」を参照のこと）を反復（言い換えれば、徹底化）しつつ定式化するような歴運性の法の図式を、「純朴に」ではあるが、すでに提出している。歴運性の法は、到来したもの（過去〔過ぎ去ったもの〕）において到来しなかったものが〈将-来〔来たるべき〕〉（未来）の可能性――ないし約束――を提供することを情け容赦なく要求する。ルソーは（州の）〈市民祭〉を信じることができたが（この点にはすぐに触れる）、ハイデガーがニュルンベルクや一九三六年のオリンピックを、言い換えればレニー・リーフェンシュタールの演出〔舞台化〕を信じたかどうかは、それほど定かではない……。（まさにこうした角度から、ダヴィッドに託されたさまざまな〈革命祭〉――〈理性の祭典〉、〈最高存在の祭典〉等々――を分析する必要があるだろう。しかしここはその場ではない）。

な文化を強調するのは、まったく偶然ではない。この闘技文化は、幸運なことにアテナイにもスパルタにも共通であり、「演劇」にもオリンピア競技にも、神聖な儀式にも祝祭の交わりにも共通である。「[…]この偉大な素晴らしい見世物は、至るところで、戦い、勝利、褒賞、つまりはギリシア人たちの熱烈な競争心をあおりたて、彼らの心に名誉と栄光の感情をかきたてることのできる対象ばかりを提供しました。[…]魂を高揚させ感動させるのにふさわしい、あの雄大な装置のただなかにおいて[…]」等々。したがって、「純粋な歓喜」(「公共的な歓喜」[82]だけが「純粋な歓喜」である)を生まれさせるのにかくも適した〈市民祭〉が——これもまた純粋な撞着語法であるが——民衆的–貴族的祝祭であるのも、偶然ではない。この祝祭においては、各人が自分固有の職務につき、自分の正しい席につき(レオ・シュトラウスが言ったように、一人の人間に一つの仕事《ワンマン・ワン・ジョブ》)、神聖な競争の効力によって——「小銃の、大砲の、航海の」——「〈王〉」となるべく訓練にはげみ、

(81) R・デュポン=ロクとJ・ラロは、アリストテレスのミメーシス分析(『詩学』第四章)のうちにすでに崇高の理論が存在すると見るのはまったく根拠がないと強調するが、それはなるほど正しい。とはいえ、ロンギノスからしてすでに、この崇高の理論はほとんど明示的にアリストテレスのパラフレーズとして組織されてきたことも事実である。こ

の点について、私は他のところで簡単に触れたことがある（« La Vérité sublime », dans J. L. Nancy (dir.), *Du sublime*, Paris, Berlin, 1987〔梅木達郎訳「崇高なる真理」、ミシェル・ドゥギー他『崇高とは何か』所収、法政大学出版局、一九九九年〕）。

（82）憶えているだろうが、これこそが、すでに言及した『手紙』の――ほとんど最後の――注のなかで、ルソーが「サン＝ジェルヴェ連隊」のエピソードをもち出す際に見られる結論めいた定式である（それは極論すれば、「ジャン＝ジャック・ルソーの子ども時代の思い出」とでも題名をつけることができる箇所かもしれない）。訓練の後の男たちのダンス、軍楽、女性たちと「子供」たちの参加（女性たちは最初は「観客」だったのだが、我慢できなくなって通りに降りてくる）、「全体にいきわたった感動」、感動の「身震い」にとらえられた父親の遺言的な言葉――そしてルソーもまた父親のその身震いを「とらえ」、「共有できる」と思う。「ジャン＝ジャック〔…〕お前の故国を愛しなさい」。こうしたことすべては、その結論として次のような教えとなる。「私があれほど胸をうたれた〈見世物〉〔強調ラクー＝ラバルト〕は、私以外の多くの人には魅力がないかもしれない。それを見るにはそのために作られた眼が必要であり、それを感じるにはそのために作られた心が必要なのだ。いや〔強調する必要があるだろうか?〕、公共的な歓喜以外に純粋な〔ここは強調しよう〕歓喜はなく、自然の真の感情は民衆〔また強調するが、この強調は不可避的である〕のうえにしかゆきわたらないのである。ああ！　傲慢の娘であり倦怠の母である尊厳よ、お前の悲しい〈奴隷〉たちは生涯のうちにこのような瞬間をもったことがあるだろうか」（O. C., V, p. 123-124〔前掲「ダランベール氏への手紙」一六四頁〕）。これ以上明白であることはできない……。

このうえない快楽と共同体の〈最高善〉のために各人がそれであるところのものにおいて、（そしてそういうものとして）卓越すべく訓練にはげむのである。

　ルソーが〈共和祭〉を心から願うあのきわめて有名な――半分現実主義的（記述的）で、半分ユートピア的（虚構的、「構想的《プロジェクティフ》」）な――「断片」は、たしかにあまりにもよく知られている（それが大いに笑いものになったからにすぎないにせよ）。それでもやはりその文章を私はあえて引用しよう。その目的は、少なくとも、プラトン的な（あるいは端的にギリシア的な）語彙がそこに残留していること、厳密な概念装置とその概念装置を支配している凝集力、これらをだんだんと強調するためである。政治的には、この文章のさまざまな帰結、言い換えれば、このテクストが原因ないしきっかけとなったさまざまな「応用」は周知のとおりだ――あるいは周知のことと思われている。だが哲学的にも同じかどうか、私には確信がない。また或る種の効果は、いつもながら計算不可能だろう。[83]（私があちこちを切り落とすのは、ルソーもこう言うだろうが、単なる節約＝経済措置のためである。そうすることをお許し願いたい。）

　なんと！　では〈共和国〉にはいかなる〈見世物〉も必要ないのでしょうか？

いや逆に多くの〈見世物〉が必要なのです！　多くの〈見世物〉が生まれたのは〈共和国〉においてです。〈見世物〉が真なる祝祭の姿で輝くさまが見られるのは、〈共和国〉のふところにおいてです。互いに愛しあい、永遠に統一されたままであるべき理由をこれほど多くもつ人民以上に、しばしば集合して、互いのあいだに楽しみと喜びという甘美な絆を結ぶのにふさわしい人民が他にあるでしょうか？　私たちはすでにこうした公共的な祝祭をいくつかもっています。さらに多くの祝祭があれば、私の喜びはいっそう大きくなるでしょう。ですが、少数の人々を暗い洞窟に陰気に閉じ込めるあの排他的な〈見世物〉は採用しないようにしましょう。その排他的な〈見世物〉は、沈黙と無為のなかで観客たちを不安にし身動きがとれない状態におきます。それは観客の目に、壁や剣の切先や兵隊たち、すなわち隷属と不平等の悲惨なイメー

（83）ここで私はいまや古典的となったジャン・スタロバンスキーの読解（*J.-J. Rousseau. La Transparence et l'Obstacle*, Paris, Gallimard, 2e éd., 1971〔山路昭訳『透明と障害。ルソーの世界』みすず書房、一九七三年〕）とジャック・デリダの読解（*De la grammatologie*, Paris, Minuit, 1967〔足立和浩訳『根源の彼方に。グラマトロジーについて』（全二冊）、現代思潮社、一九七二年〕）を参照している。

ジしか提供しないのです。いいえ、幸福な〈人民〉たちよ、そんなものはあなたがたの祝祭ではありません！　あなたがたが集結して、幸福の甘美な感情に身をゆだねるべきところは野外であり、空の下です。あなたがたの快楽が女性や金次第でありませんように。束縛や利害を感じさせるものが一切、あなたがたの快楽を毒しませんように。その快楽があなたがたと同様に自由で高潔なものでありますように。太陽があなたがたの純粋無垢な見世物を輝き照らしますように。そのとき、あなたがたはあなたがた自身の手で、太陽が照らすのにもっともふさわしい見世物を作ることになるのです。

しかし結局のところ、こうした見世物の目的は何なのでしょう？〔そこで何が示されるのでしょうか？——ラクー＝ラバルトの引用では欠落〕何ものでもない、とお望みならこう言いましょう。人々が集まってくるところはどこでも、自由とともに安寧が支配します。広場の中央に花を飾った杭を立て、そこに人民を集結させてください。そうすればそこに祝祭が生まれるのです。もっと上手くやるには、〈観客〉たちを〈見世物〉にしてください。〈観客〉自身を役者にしてください。すべての人々がよりよく統一されるために、各人が他人のなかに自分を見出し、他人のなかで自分を愛するようにしてください。私はギリシア人たちの競技までも参照する必要はないと思います。もっと現代的な競技があり、また現代にも残っている競技があります。しかもそれはまさしく私たちのあいだに見られるのです。私たちには毎年、閲兵式があり、授賞式があり、小銃や大砲や航海術の〈王座〉を争う大会があります。これほど有益で〔…〕これほど快い行事はいくらふやしても多すぎるということはありませんし、また同じような王座はいくらあっても多すぎるということはありません。私たちが武器の訓練のためにしていることを、はつらつとして強健な人間になるためにしてはならないという理由はないでしょう。〈共和国〉は労働者よりも兵士を必要としているでしょうか？　軍隊のさまざまな競技会をモデルにして、闘争〔レスリング〕や競争や円盤投げや、身体のさまざまな鍛錬のために、体育の競技会を設定してはならないという理由があるでしょうか？　なぜわが国の〈船頭〉たちを〈湖〉上の槍試合のために活気づけないのでしょうか？〔…〕こういった類の祝祭はすべて、人々が了承するだけの費用しかかからず、ただともに競い合うことだけが、その祝祭を素晴らしいものにするのです。しかしながら、ジュネーヴ人たちがいかなる情熱をもってその祝祭に打ち込むかを理解するには、ジュネーヴ人たちのところにいてそれに立ち会ったことがなければなりません。ジュネーヴ人は人が違ったようになります。経済的な規則を少しも逸脱しない、あの謹厳な人民ではなくなって、[…]。彼らは生き生きとし陽気で情愛に満ち、いつもは唇の端にある彼らの心は、そのときは眼のなかに輝いていきます。ジュネーヴ人は自分の歓喜や快楽を相手に伝えようとつとめます。[…]すべての社会がひとつの社会を作ります。すべてが全員にとって共通となります。[…]もう少し乱費が抑えられれば、それはラケダイモン〔スパルタ〕の姿となるでしょう。ですが、この乱費でさえこの場合にはきちんと所を得ているのであって、この豊かさの側面は、それを生み出す自由の側面をいっそう感動的なものとするのです。(84)

悲劇を止揚するルソーの祝祭

もちろん、以上の頁に関して「節約的＝経済的な」注釈（あるいは社会‐経済的な注釈と言ったほうが混乱が少ない）をおこなう必要があるだろう。また同様に、この〈祝祭〉――とそれに続く、夜のエピソード、ダンス会――の描写で、ルソーが「女性の問い」と

両性の社会的分割とにあてた論述を重視する必要もあっただろう。(85) ここでは、その作業を

（84） O. C., V, p. 114-116.〔前掲「ダランベール氏への手紙」一五〇―一五二頁〕ルソーが「有益」という言葉に付した長い注は何よりもまずジュネーヴのブルジョワジーに向けられている、というジャン・ルーセは指摘はおそらく正しい。「もろもろの〈評議会〉の構成員である指導的な家系の人々、行政官たち」は、民衆「階級」の見世物や祝祭にかかる費用やその有害な影響を恐れていたのであろう（p. 1376）。しかし、この注がもつ射程は、その厳密にプラトン的な原理そのものにおいて、はるかに遠大なものである。そこでは次のふたつのことがはっきりと言われている。一、楽しみはパンとまったく同じく、「〈人民〉」の生活に必要であり、それは「国家の糧皿〔安定〕」なのである。厳かな競争心と気晴らしは、「各人が自分の状態〔身分〕で満足する」ことを妨げるどころではなく、その反対である。ライバル心は「不満」から生じるのであり、「ある人間が他の人間の仕事をうらやましく思うとき、万事うまくいかない」のである。二、「娯楽」は労働をいささかも害することなく、労働ときわめてうまく折り合い、万人の大いなる利益となる（モンタニョン〔ヌーシャテル近くの山の住民たちに与えられた名称〕の例はすでにそのことを示していた）。「人民に自分のパンを稼ぐだけの時間しかないとしても、それを楽しく食べるためにはさらなる時間が必要である。さもなければ、人民が時間をかけてパンを稼ぐこともなくなってしまうだろう［…］。人民がみずからの状態〔身分〕を愛するようにさせる娯楽を人民に与えよ、もっと快適な状態〔身分〕を欲しがることを妨げる娯楽を与えよ」。はたしてこの規則は頻繁に破られただろうか……。

することはほとんどできない。ここでは演劇の問題だけに――少なくともこうした分割線が引けると仮定してだが――話をかぎりたい。あるいは、いまやもっと正確に言えば、演劇の止揚、演劇のアウフヘーブングの問いに話をかぎりたい。それを見るのは難くはない。空、野外、太陽の輝き、自由の高揚（自由「信仰」とは言わないまでも）、全般化されたアゴーン（競争と競技、対抗、最優秀者たちの勝利）、等々、こうしたものはすべてギリシア悲劇である。だがそれは舞台を差し引いたギリシア悲劇である。言い換えれば、そののち「演劇」あるいは「オペラ」となっていくものがもつ萌芽的なあらゆる分割――すなわち舞台とオーケストラ、見世物と観客――を差し引いたギリシア悲劇である。実際、私は（イタリア語の）近代的意味で「舞台」と言っているのであって、それは話を単純にするためあるいは便宜のためであると同時に、「表象」という言葉を使わないようにするためでもある。というのも〈祝祭〉あるいは〈見世物〉（ルソーはこの言葉を軽率に、あるいは仕方なく維持しているのではない）のうちには、間違いなく表象が存在するからである。たとえそれが自己–表象という形のものであれ。ルソー曰く、それは観客たち自身の表象でなければ何ものでもないものの表象である。

何ものでもないもの（あるいは誰でもないもの――これは自己の最良のものでも、自己のうちなるものでもない）のミメーシス、それは遊戯〔演技〕である。（またもやシラーであるが、『人間の美的教育に関する手紙』の終わりでは、人間が本当に人間であるのは遊戯する場合だけである、等々と言われる。）ギリシア人たちの「記念碑」がアテナイではなくスパルタであるのも、そもそもこの理由による。もっともこれはスパルタに演劇があり、それがローマ人たちによって石造りの建造物へと（再び）仕立て上げられたとしての話であるが……。遊戯あるいは〈競技〉の装置は、ほとんど無に等しい装置である。私は装置なき装置とは言っていない。ただ〈祝祭〉がいまにも開催されるということを示す記号（広場に立てられ、そのまわりに人民が集う杭）があれば、それで十分なのである。あるいは競技が開かれることを示す記号（引用しなかった一節――その一節はあらゆる記憶に含まれている――でルソーが湖のうえに想像する水上競技において、「ゴールにたなびく〈旗〉」）があれば十分なのである。こうした〈祝祭〉を誰が命じるのかについては、少なくとも明示的には言われていない。おそらく都市の行政官たちの〈評議会〉であろうが、どこにも言及されてはいない。〈祝祭〉は、それが「市民的」（政治的〔ポリス的〕）で

（85）サラ・コフマンは *Respect des femmes*, Paris, Galilée, 1996 のなかでこの問いに挑んでいた。

あるためには、ほとんど自発的〔自然発生的〕でなければならないのである。なんらかの協和が〈祝祭〉の機会を準備する必要がある。あるいはその慣習を準備する必要がある。例えばサン＝ジェルヴェ連隊の「舞台」（これは、ほとんど「舞台」ではない舞台とは言えないが、まさに一介の「舞台」ではない）に見られるように。というのも〈祝祭〉は、ヘルダーリンがそののちに言うように、〈平和祭典〉Friedensfeier でしかありえないからである。（ここから、この詩を重視したハイデガーが登場する。ハイデガーは、ヘルダーリンがこのモチーフを維持しうると考えていたのだろうか？）アゴーンは「死闘」ではまったくない（かつてのギリシア人たちにおいては、ヘーゲルの言葉を採用すれば「ギリシア的契機」においては、そうだったのかもしれないが）。だからこそアゴーンは、「ともに－在ること〔共－存在〕」あるいは「再－統一〔集会〕」の「歓喜」しか引き起こさないのであり、すなわち、「アリストテレス」以来、幻想ではあるが、演劇が規則として提供しなくてはならないと考えてきた「快楽」の真理しか引き起こさないのである。そしてそうした「歓喜」が真情のほとばしり *effusion* なしにはすまないとしても、そのほとばしりは融解 *fusion* ではなくて、各人が自己であることをいささかも禁じはしない。それどころか〈祝祭〉は自己固有化の祝祭である。こうしたことは（近代）主体の「ポイエーシス的」で「プラクシス的」な体制であるから、[86] ルソーにはシラーがいう意味での感情的なものがある。だが「融解的なもの」はまったくない。さらにまた、なんらかの作品化を思わせるようなものも何もない。すなわち、本来的な意味での技術的巧妙さをかくも称揚するこの〈祝祭〉は、芸術を僭称することはない――正確に言い換えれば、もはや僭称することはない。それは反対に、カントが「再び自然となった芸術」と呼ぶことになるものを褒め称えるのである。言い換えれば、かろうじて芸術と言えるもの、あるいは「容易な」芸術を褒め称える。装飾された杭（のちの「自由の木」だろうか？　ヘルダーリン、ヘーゲル、シェリ

(86) ここでもまた問題となるのは、ロベスピエールとオトン・ド・バヴィエール、マルクスとニーチェ、ルカーチとハイデガーを生み出すような、国家ないし政治的なものに関するもっぱら「ポイエーシス的」で、そして非「プラクシス的」な考え方ばかりではない。要するに「現実的社会主義」とファシズムだけではない。つまり「近現代の」プラトン主義だけではない。たしかにそれは存在するが、しかしハンナ・アーレント――そしてその他の何人かの者たち――には気の毒だが、ルソーのなかにそれはない。サン＝ジェルヴェ連隊――そしてスパルタ――の軍楽にもかかわらず、また社会的‐経済的配慮や不平等の強迫観念があるにもかかわらず、ルソーでは社会の軍隊化は一瞬たりとも問題にならない。

ングはいつの日かそう信じるだろう）、刺繍された旗、人々が踊るための少しばかりの軍楽……。なるほどこれはプラトンをともなったスパルタだろう。しかし、さらに〈自然〉をもともなっている。例えば、あえて言えば、「舞台背景＝書割」の山々をともなう湖が。そして至るところに、自由の循環が、純粋な関係の歓喜が、「甘美な紐帯」の感情がある。というのも、たとえ共同性がひとつの芸術作品のように確立されず整えられずとも、共同性とは現実には、行為者たちの、あるいはその共同性を構成しそれを享受する幸福な役者たちの、接合それ自体であるからだ。これこそが、和らげられ軽減されたアゴーン、苦悩を（そして何よりもまず労働を、苦痛を、一切の暴力を）免れたアゴーン、要するに純化されたアゴーンの意味である。あるいは癒されたアゴーン。この癒し――カタルシスそのもの――は、とうとう現実化された、成就された純朴さである（それはいまだかつて存在しなかった、とりわけ起源には）。すなわち、その「約束」（マレルブの言う意味で）において完結した人間。あるいは、ほぼ完結した人間。

この「ほぼ」あるいは「かろうじて」は、ここでルソーが用いる、あるいは私たちがルソーを読む際に用いざるをえない、あらゆる概念の様態を強制的に変化させる。それが意味するのは明らかに以下のことである。すなわち、「〈見世物〉」もやはりひとつの見世物であること、舞台の不在もやはりひとつの「〈舞台〉」であること、自然発生性もコードなしには成り立たないこと、「〈芸術〉」もやはり一介の芸術であり、「純朴さ」も実際には一介の純朴さであること、などである。〈祝祭〉への傾向 disposition〔措置〕について、私は「……なき」の安易なレトリック——そして連辞——を拒絶しようと努めた（とはいえこの「……なき sans」は、ジャック・デリダが私たちに思い起こさせたように、「血 sang」と書くこともできるが）。例えば、装置なき装置 dispositif *sans* dispositif といったようなレトリックを。なぜかと言えば、この「言い回し tour」は別の転回 *tour* を、こう言ってよければ「真」の転回を隠蔽する、あるいはあまりにご都合主義的に「捏ね繰り回す tourner」ことを許すからである。すなわち転義を、（「言葉による」）形象を、つまりこの場合で言えば、〈祝祭〉の記述（それが記述であればだが）を統御し際立たせ続ける撞着語法を、隠蔽し、あまりに安易に捏ね繰り回すからである。この撞着語法は、「しかし結局のところ〔強調ラクー＝ラバルト〕、こうした見世物の目的は何なのでしょう？　そこで何が示されるのでしょうか？」という問いに対する応答（「何ものでもない、とお望みならこう言いましょう」）のうちに凝縮されている。あるいは、「〈観客〉たちを〈見世物〉にしてください」という定式のうちに再認される。この定式は即座に、「〈観客〉自身を役者にしてくださいと翻訳される。（これを私たちは――今度は私たちの番だ *à notre tour*〔私たちの転回・言い回しにおいて〕――「〈観客〉たちを〈観客〉たち自身から〔おのずと〕役者にしてください」と再翻訳するしかない。その場合――とはいえ残念ながらこの点にこだわっているわけにはいかないのだが――、〈祝祭〉は自己享受の時間、時間外の時間、宙吊りになった忘我的《エクスタティック》〔脱自的〕な時間となるだろう。自己享受とはすなわち、内的な差異ないし内的な自失のうちで、ラカンの言う「外密性《エクスティミテ》」のうちで、すなわちもっとも内奥の〈自己―外〉において、〈自分がおこなうのを眺めること〉、〈純粋に実存すること〉である。これは要するに、例えば、享受「それ自体」において〈自分が歌うのを聞くこと〉（『言語起源論』）かもしれないし、あるいはともかく、『夢想』の「第二の散歩」が絶対に逆説的な仕方で祝賀する、死の経験しえない経験のことかもしれない。[87] 私ならば、存在するという事実、と付け加えたいところだが、ルソー自身、この事実を告白したのかもしれない。少なくとも、告白の、正確に言えば真摯さと「透明性」の、アウグスティヌス的な問いないし憑依へと、この親密な演劇性あるいは親密なドラマ化という難問を切り詰めないことにルソーが同意しえたならば。）

しかしながら、話を打ち切らなくてはならない。

ここでふたつの指摘が重要となる。

第一の指摘で言いたいことは、ルソーが「〈見世物〉」の真理として――「お望みならこう言いましょう」と不承不承――もらす「何ものでもない」〈見世物〉においては何ものも示されない。そこでは、「何ものでもないもの」すなわち「事物そのもの」が、見世物として与えられること（はない）だろう）のうちに突如閃く形象、すなわち撞着語法が、矛盾の形象である以前に、不可能なものの形象であるということだ。〈祝祭〉は不可能事そのものであって、それは、「神々の人民」が必要とされる『社会契約論』のデモクラシーが不可能なのと同様である。少なくとも……。ルソー読解の「とても深刻な」教訓を甘受し始めながら、ヘルダーリンが言うように。「[…]直接的なもの〔無媒介なもの〕は、それを厳格に受けとめるなら、不死の者たちにとってと同様に、死すべき者たち〔人間〕にとっても不可能なものである。／厳しい間接性〔媒介性〕が〈法〉なのである」(88)。不可能事とは

（87）ここでも私のモーリス・ブランショに関する仕事を参照されたい。それはまだ刊行予定のものだが、その素描はすでに、前掲書『自伝的動物』所収の「忠実さ」という題の文章として発表されている。

実–存 ek-sistence〔外–立〕の必然性であり、こう言ったほうがよければ内–置 *in-stance*〔急–迫〕、さらには内–立 *in-sistance*〔固–執〕――自己のうちにと同時に他人との関係のうちに内–置すること・内–立すること――と、これを機に呼ぶことができるかもしれないものが、不可能であり実現できないということだ。であれば、それはまた政治的なものについての原–政治的な「〈法〉」でもある。アンティゴネが訴えかけるような一切の法以前の〈法〉、一切の法よりも高い（崇高な）〈法〉――私はそれをここで、見かけの法ないし偽装一般の法と呼ぼう。それは〈同じもの〉の法である。すなわち、〈存在《エートル》–そのもの《メム》〔同じ–であること・同–存在〕〉、〈事物《ショーズ》–そのもの《メム》〔同–事物〕〉、〈自己存在《エートル・ソワ》–そのもの《メム》〔自己自身–であること〕〉の法であり、したがって、なんであれおよそ一切の関係＝運び戻し（「他人への関係＝運び戻し」を始めとして）の法なのである。それはミメーシス「そのもの《メム》」〔「そのもの」というミメーシス〕の原–ノモスである。一種の超越論的偽装。なんらかの仕方で（再）現前的でなければ、すなわち（再）現前化〔表象〕のうちになければ、何ものも現前的でない。だからこそ、不可能な〈祝祭〉について言えば、すなわち（再）現前化〔表象〕の不可能な目的《ファン》について言えば、撞着語法のやむをえない形象が出てくるのである。すなわち不可能事は純粋矛盾なのだ。だからこそまた、ゾーオン・ポリティコン・ピュセイ〔政治的本性

（自然）をもつ動物）という劈頭の始原的な撞着語法（それは打破や拒絶の対象だったにせよ）が、「終わり《ファン》」において（それが終わりであるならばの話だが）、いずれにせよ表象「機関」ないし表象装置すなわち演劇設備を脱構築する作業の究極段階として提示されるもののうちに、再び見出されるのである。演劇の設備はまた政治の設備でもあり、それは同じものである。だがそれはいやおうなく隠蔽されている。多かれ少なかれ隠蔽されている。しかしそれでも、やはり完全に可視的である。すなわち、たくさんの君主たち《アン・プープル・ドゥ・プランス》（君主たちから成るひとつの人民）、労働者（勤労者）の貴族制、平和をもたらされたアゴーン、敵対関係なき競争、舞台ではない演技空間、「有益な」祝祭、等々。現実には、この脱構築はみずからが手を触れない一切のものを、言い換えれば本質的なものを、やっとのことで隠蔽している。そしてさらに、最後に述べるがしかし軽んじてはならないことに《ラスト・バット・ノット・リースト》、金銭がきわめて偽善的な仕方で安全な場所にかくまわれている（競争の賞金がある――たとえそれが一本の旗にすぎなくとも。国家の補助金や劇場の維持だけでは不十分なジュネーヴ人たちの

（88）« Le Plus-Haut », dans *Fragments de Pindare* (tr. fr. Fédier, Paris, Gallimard, dans *Œuvres*, coll. « Bibliothèque de la Pléiade », 1967, p. 969. ラクー＝ラバルト若干加筆）

「乱費」や「豊かさ」は、そうした「乱費」や「豊かさ」を「生産」する「自由」の側面を「いっそう感動的」にする)。あるいは戦争がかくまわれている。戦争は最後の瞬間《イン・エクストレミス》にほんの一言呼び出される(だが範例的なギリシアか否かはともかく、それはやはり奴隷制のないギリシアである)。

このように、ジュネーヴの市民たちは慎ましい祝祭と地味な競技によってあのスパルタを呼び戻そうとしていたのです。スパルタから引き出されるべき模範を考えて、私はスパルタのことをもっと引用したほうがよかったのかもしれません。例えば、美術品に囲まれたアテナイでも、奢侈と懶惰のただなかにあったスーサでも、スパルタ人は退屈して粗雑な祝宴や疲れる運動を熱心に求めました。無為の骨折りであってもすべてが快楽と見世物だったのはスパルタにおいてです。スパルタではつらい労働もリクリエーションとみなされており、ほんのちょっとした娯楽も公教育となっていました。スパルタでは市民たちが絶えず集まって、国家の重要事であるさまざまな楽しみと、さまざまな競技に、人生全体を捧げていたのです。この競技がなおざりにされるのは、戦争のときだけでした。(89)

私の第二の指摘は第一のものより少しばかり簡潔である。すでにかなり前から予想できただろうが、それはアウフヘーブング、止揚にかかわる。そしてここで作用しているあるいは作品化されている論理に、さらにはその論理の起源にかかわる。私はあるときは〈祝祭〉は悲劇を止揚すると言った。さらに奇妙なことに、またあるときは、〈祝祭〉は悲劇を純化するとも言った。あたかもアウフヘーブングがカタルシスの翻訳であるかのように。実際それが私の言いたかったことであった。もちろん留保はある（この留保は単なる用心ではない）。すなわちルソーはドイツ語で考えたわけではまったくないし、さらにはヘーゲルの言語的‐思弁的名人芸でもって思考したわけでもない。[90] またルソーが「第一〇の散歩」を——最後にもう一度、ある「枝の主日」のことを、「あらゆる女性のなかでもっとも優しいひと」のことを思い起こしながら——中断する前に、カントを読んだということもありえたかもしれない（カントはすでにルソーを読んでいた）。しかしそれだけでは

(89) O. C., V, p. 122.〔前掲「ダランベール氏への手紙」一六〇頁〕
(90) もちろん、私は Jean-Luc Nancy, *La Remarques spéculative* (Paris, Galilée, 1973) を参照している。

なく、ルソーは、カタルシスが「浄化」をきっぱりと意味しえない（かろうじて「軽減」であり、「鎮静」[91]ではまったくない）ということをも、知っていたのかもしれないのだ。よし、彼が知らなかったことにしよう。

しかしだからといって、演劇性を争点とするルソーのすべてのテクストを支える論理が、つまり彼のアリストテレス読解を支える論理が本来的に言って、カント以後の意味での弁証法的論理であることはいささかも妨げられない（そして彼の最初の偉大な読者たちは、そのものとしての〈知〉、あるいは〈学〉をさえ、そこに見て取ることだろう）。弁証法のカント以後の意味とは、アルザス語がすぐ近くのシュワーベン語を翻訳するときのように、一切の「否定的なもの」が「回収される」ということである。すなわち、「否定的なもの」が隠匿され、除去されると同時に高められ、隠れ家に置かれ、保存される、そして、つねにそこに、暴かれうるものとしてと同時に暴かれるべきものとして、症候的なものとして、抹消不可能なものとして、一言で言えば、保守されて *gardé* ある、ということだ（bewahren〔(心のなかに)保存する〕, wahr〔真の〕, Wahrheit〔真理〕、等々——すなわち真理そのもの、見守り regard〔視線・眼差し〕と配慮 égard）。演劇性を、正確に言えば（再）現前化〔表象〕を、ミメーシスを、見かけを、偽装を、ほんの少しでも否認しないのであれば、そうなるのだ。そしてこの否認こそ、ルソーがしないわけにはいかなかったことである（これは明らかだ）。しかも、自分が否認をしていることを重々承知しながらもである（彼のほとんど比類なきレトリックがそれを十分に示している）。それは疑いもなく当為からであった。実際、〈歴史〉がそれを課したのだった。いつものように。

（91）これはラカンによる「翻訳」である（*Le Séminaire — Livre VII, L'Éthique de la psychanalyse*, Paris, Le Seuil, 1986.〔小出浩之・鈴木國文・保科正章・菅原誠一訳『精神分析の倫理』全二冊、岩波書店、二〇〇二年〕そもそもヘーゲルは、アンティゴネの「形象」のn番目の「神聖化」を、言い換えればソフォクレスの悲劇に関するn番目の逆解釈を、いささかも禁じてはいないのであるが、ラカンは、ヘーゲル（バタイユ、コジェーヴ、その他）に対して、またベルナイス（ニーチェ、バタイユ、その他）や「放免」（Entladung〔荷おろし・放出〕としてのカタルシス）の存在―生理学的理論に対して、要するに「超克」への意志に対して、敵意を抱く。この敵意のためにラカンは、「鎮静」ないし「軽減」がせいぜいのところ『政治学』（第八巻、1342 *a*〔山本光雄訳「政治学」『アリストテレス全集』第一五巻、岩波書店、一九六九年、三四五頁〕）の kouphisis meth' hèdonès〔快楽の緩和〕の翻訳にすぎず、音楽が供する kharan ablabè「無―邪気な歓喜」でさえないことに気がつかない。反対にルソーは、この「無―邪気な歓喜」について、とても用心した明確な仕方で語っている。（「美学について」という題だったはずの文章を参照されたい。« De l'esthétique » dans *Lacan avec les philosophes*, Paris, Albin Michel, 1991.）

3　芝居がかる死

弁証法の前提としての演劇

『悲劇的なものについての試論[92]』の有名な書き出しで、ペーター・ションディは、おおよそ次のように言っていた。アリストテレス以来、悲劇の詩学が存在していたが、シェリング以来、悲劇的なものの哲学が存在する、と。この命題は半分しか正しくない。たしかに「悲劇的なものの哲学」は存在する。シェリング、ヘーゲル、ヘルダーリンばかりでなく、キルケゴールやニーチェ、フロイト（そしてラカン）、ローゼンツヴァイクやベンヤミン、バタイユ、ハイデガー——そしてその他の何人かの人々——がその例である。だがこの悲劇的なものの哲学はやはりなおも、そしてつねに、ひとつの悲劇の詩学である。このことはあらゆるケースにおいて例外なく確かめられるだろう。自認しようとしまいと、アリストテレスの註釈でないような、言い換えれば明示的であろうとなかろうと悲劇効果の問い——ないしは謎——に出発点をもたないような、そんな悲劇的なものの哲学など、どこにも存在しない。

終わりにあたって、その例をひとつだけ挙げたい。それはまず最初に与えられる例（ションディが彼の証明を開始するのはこの例からである）であるばかりでなく、実際それが開幕的であり、またそうした資格をもつからこそ、もっとも頻繁に註釈されるもののひとつである。それは例そのものである。すなわちそこに見られるのは、オイディプスの形象のうえに、そしてニーチェならこう言っただろうが、ソフォクレスの『オイディプス王』の「台本」のうえに、ドイツ観念論の存在-論理学が、言い換えれば思弁的弁証法が、母型

（92）『悲劇的なものについての試論』は、前掲『ドイツ観念論の詩と詩学』のなかで、部分訳でしか収められていない。導入部も掲載されていない。（また、同じ書物に収められた「ジャンルの詩学と歴史哲学」と題されたヘルダーリン論——ここでは絶えずその読解を前提にしている——も参照されたい。）

状態で、そしてカントによるルソー読解の延長線上で（これは一種のパランプセストであって、第一『批判』の「超越論的弁証法」の行間に『ダランベール氏への手紙』の全文章を読み取ることが可能である）、練り上げられる様子なのである。思弁的弁証法は、事実上も権利上も、なんらかの演劇を前提とする。すなわちミメーシスそれ自体を、そしてミメーシスのカタルシス力を前提とする。

この例――それは例だと判明するだろう――は、シェリングが一七九五年に書いた（このときシェリングは二十歳になるかならぬかである）『独断主義と批判主義に関する手紙[93]』の一〇番目のそして最後の手紙である。その手紙のなかで、芸術作品一般――そしてとりわけ悲劇――は、それが卓越した（再）現前化〔表象〕、すなわちミメーシスないしDarstellung〔描写〕であるかぎりで、カント的な意味での〈理性〉の根本矛盾を解決する可能性を提供する。〈理性〉の根本矛盾とは、この場合で言えば、〈必然性〉の認識（スピノザの運命愛《アモール・ファティ》と無条件な〈自由〉の肯定（フィヒテの「かくあれ！」）とのあいだの解消しがたい対立であり、〈客観〉と〈主観〉、〈非-我〉と〈自我〉、〈自然〉と〈精神〉とのあいだの解消しがたい対立のことである。シェリングはヘーゲルとの白熱した議論を終えたとき、ほぼ同時期にやはりヘルダーリンがそうだったように、突然、次のように言明してよいと感じる。すなわち、ただ「真なる芸術、あるいはもっと正しくは芸術における théion〔神的なもの〕」のみが、すなわち「芸術においてもっとも崇高なもの」のみが、知的直観を客観化することができるのだ、と。すなわちカントに従って言えば、不可能事を不可能事として遂行することができるのだ、と。つまり〈理念〉（あるいは〈絶対的なもの〉）の直観を遂行することが、有限性の度外れなあるいは「狂った」踏み越えを遂行することができるのだ、と。第一の〈手紙〉はこの絶対にパラドクシカルな可能性を垣間見せていた。最後の手紙はこの可能性を確立するが、それはシェリングが長いあいだ忠実であり続ける観点においてである。その観点のうちには、ルソーに直接由来する用語群が（シェリングは冒頭でまったく同じ問いを提起する）、したがってアリストテレスに直接由来する用語群が即座に認められるだろう。

ギリシア的理性が、ギリシア悲劇のもろもろの矛盾をどのようにして支持〔強調ラクー＝ラバルト〕しえたのかと、しばしば疑問が呈されてきた。或る死すべき者——

（93）私がここで使用する翻訳——そして注解——は、ジャン＝フランソワ・クルティーヌの校訂版 *Premiers écrits* (1794-1795), Paris, PUF, 1987, p. 208-210 のものである。私自身、シェリングのこの文章に関する註釈の素描を、前掲『近代人の模倣』所収の「形象としてのオイディプス」のなかで試みた。

彼は運命によって罪人になるべく定められている――は、ああしたファトゥム〔神託・運命〕に抗して戦いつつも、運命の仕業である犯罪のために恐ろしい仕方で罰せられるのである！　この矛盾の土台、すなわちこの矛盾を寛容にも容認しうる［強調ラクー＝ラバルト］ようにしていたものは、人がそれを求めるところよりもはるか遠いところに存しており、人間の自由と客観世界の力との衝突のうちに存する。客観世界の力が超越的な力――（ファトゥム〔神託〕）――である以上、死すべき者はこの衝突のなかで必然的に敗北せざるをえないが、しかしながら死すべき者は戦わずして敗れるわけではないから、その敗北そのもののために罰せられなければならない。罪人が罰せられつつも、彼が敗北するのは運命の力に対してのみであるという事実は、またそれも人間の自由のひとつの承認〔認識〕であり、自由が正当な権利を有するオマージュなのであった。ギリシア悲劇は、その主人公を運命の超越的な力に抗して闘わせることによって、人間の自由を称えていたのである。ギリシア悲劇はみずからの芸術の限界＝境界を踏み越えないように［この箇所の強調も私ラクー＝ラバルトである］、主人公を滅びるにまかせなくてはならなかった。しかしまた芸術が人間の自由に力づくで課す［やはり強調ラクー＝ラバルト］この屈辱を埋め合わせるためにも、ギリシア悲劇は、同じく主人公に贖罪をさせなくてはならなかったのである——たとえ運命によって犯された罪のためであっても。

演劇の否認が恐怖を生む

私はここで、一瞬、このテクストの読解を中断する。明らかなのは、シェリングがすぐさま言うように、悲劇が自由とファトゥム〔神託〕（あるいは「超越的な力」Übermacht）とを「和解させる」よう努めるのは、悲劇が芸術だから、（再）現前化〔表象〕だからである。すなわち、ヘルダーリンがほぼ一〇年後に書くように『悲劇的なものの描写』だから、すなわち〈矛盾〉そのものの（再）現前化〔表象〕だからである。そして実際のところ、たとえ——引用しよう——「[…] ギリシア悲劇が自由と失墜［Untergang〔没落〕］とを和解させること（これは zusammenreimen〔つじつまを合わせること〕——韻を踏ませることであり、ヘルダーリンもこの語彙を用いるだろう）に成功しない」としても、「自己の自由を喪失してまで、この自由そのものを喪失してまで証言するために、また敗北しつつも自己の自由意志を宣言するために、不可避的な罪の罰さえ進んで自分で引き受けることは、偉大な発想だった」ことにかわりはない。さらにシェリングは付言する。「あらゆる他の人々にとってと同じく、私たちにとっても、ギリシア芸術はここでもまた規則である。ギリシア人たち以上に、人間の性格にここまで忠実であり続けた民族は他にない」。

つまり、そこには「ルソー主義的な」いかなる弱さもない。すなわち、〈表象〉、〈舞台〉、〈演劇〉、〈見世物〉——そしてその種の一切の商品[94]——に対する、「純朴」なだけでなく、少しばかり世間知らずな不平の言葉など一切ない……。反対に、芸術（テクネー）の擁護、ありうるかぎりもっとも明確な擁護が、そこには存在する。それも恐るべき警句の、わさびがきいた擁護が。

シェリングの説明によれば、人間が対象をデカルト的な意味で表象しているかぎり、人間は「自己と宇宙の主人である」（自然の主人でもある）。「人間は何も心配の種をもたない。というのも人間自身が［…］〔対象に〕その限界を設定するのだから」。しかし、「人間が表象の限度を踏み越えるやいなや［もちろん、問題になっているのは Vorstellung〔表象・上演・表現〕である］、人間は迷ってしまう。客観世界の恐怖が人間に襲いかかる。人間がこの世界の限界を廃棄してしまった以上、今後どのようにして世界を征服しうるというのか？」

　この不安げな問いは、世界に対する身の毛もよだつ恐怖の問い、すなわち die Gräuel の問いである。恐怖一般の問いであり、あるいは〈恐るべきもの〉、すなわち das Schreckliche〔驚愕すべきもの〕（ソフォクレスの言葉で言えば to deinon〔並外れた恐るべきもの〕）、ヘルダーリンが das Ungeheure〔怪物〕と翻訳するもの、あるいはハイデガーが das Unheimliche〔不気味なもの・非家郷的なもの〕とまた翻訳するもの）の問いである。あるいはこう言った方がよければ、ヘルダーリンもまた同時期に絶えず喚起していた危険（Gefahr）の問いであり、ハイデガーもまた「なんらかの存在者による存在に対する脅威」[95]と定義づける危険の問いである。それは卓越した脅威である。すなわち、消滅と破壊、無化、死、顕現しえないものそのものの顕現、といった脅威であり、要するに否定性の脅威である。憑依は、この場合すでに、悪の憑依である。

　シェリングは問う（この文章は、シラーが「純朴なもの」と「感情的なもの」に関する

（94）これはギィ・ドゥボールに対する含みではまったくない。言い換えれば、彼の批判の厳格さに反対して言っているのではまったくない。そうではなく、そう、彼の「安易さ」に反対して――そして、その「安易さ」が今日いまだに生み出している、本当にばかげた悪用〔搾取・興行〕に反対して言っているのである。

試論を公にし始めた同年に書かれている）。

ギリシア芸術が自然の限界のなかにとどまるかぎり、彼ら以上に自然な人民が存在するだろうか？　だがギリシア芸術がその限界を捨て去るやいなや、彼ら以上に恐ろしいどんな人民がいるだろうか？

（ここで、ひとつの注が割り込んでくる。その注は、心を穏やかにする宗教的なあるいは形而‐上学的な一切の「約束」の拒絶を証示しているが、その拒絶の辛辣な激しさそのものにおいて読むに値する。そこでは、一種のパラドクス性が頂点に達している。そのパラドクス性は、悲劇の弁証法の真理をあけすけな光によって照らし出しており、この弁証法の目的の理解に欠かせない。「ギリシアの神々はなおも自然の懐のうちで立っていた。神々の力は不可視ではないし、人間の自由にとって接近不可能でもなかった。人間の巧妙さが神々の物理的《フィジック》〔自然的〕な力に勝ることもしばしばあった。人間の英雄たちの勇敢さは、オリンポスの神々に恐怖を抱かせさえした。だがギリシア人たちにとって真に超自然的なものは、ファトゥムとともに、すなわちいかなる自然の力も達することのできない、そして不死の神々でさえどうすることもできない、そんな不可視の力とともに始まる。――ギリシア人たちが超自然的なものの領域で恐怖を抱けば抱くほど、ますます彼ら自身は自然になる。或る人民が超感性的な世界をみずからに思い描く〔表象する〕夢が甘美になればなるほど、ますますその人民自身は軽視され、自然ではなくなる」。）

それからシェリングは議論をつなぎ、提起された問いに答える。それは二段階になっている。まず一方で、シェリングの説明によれば、「不可視の力はおべっかに惑わされるにはあまりに崇高であり、主人公たち〔英雄たち〕はなんらかの卑屈な行為と引き換えに救われようとするにはあまりに高貴である。この場合、戦いと敗北（Kampf und Untergang）以外の出口はない」。そしてこの答えは、悲劇がそのミメーシスであるところのもの、すなわちsustasis tôn pragmatôn〔行為・状況の集合〕、ドラマに当てはまる。他方で反対に、この答えは悲

（95）この定式は、一九三六年の講演「ヘルダーリンと詩の本質」（*Approche de Hölderlin*, Paris, Gallimard, 1962-1973, p. 46〔浜田恂子／イーリス・ブフハイム訳『ハイデッガー全集』第四巻、創文社、一九九七年、五〇頁〕）に見られる。この講演自体は、一九三四―一九三五年の講義『ヘルダーリンの讃歌――「ゲルマーニエン」と「ライン」』（前掲書）を凝縮したものである。

劇の効果（つまりカタルシス）にも当てはまるとされる。すなわち悲劇の不在ないし廃棄、言い換えれば一切の（再）現前的〔表象的〕境界＝限界の不在ないし廃棄、ミメーシスのファクトゥム〔所業〕の不在ないし廃棄が惹起する、破滅的な帰結に当てはまるとされる。

しかしこうした戦いそれ自体が、悲劇芸術への奉仕においてしか考えられない。すなわち、そうした戦いがなんらかの行動システムへと変容することはありえない（行動システムは巨人族〔強調ラクー＝ラバルト〕を前提するという理由からにすぎないにせよ）。この仮説の外では、この行動システムは間違いなく人間性の完全なる崩壊を導くだろう。

そして、この警告――もちろん、それは一七九五年の段階で（すでに）ドイツに向けられていたというわけではなく、フランス革命に向けられていたというほうがもっともらしい――をさらにはっきりさせるために（演劇が廃棄されると、ルソー流の「神々の人民」が本当に「巨人族」を隠しもつことになるということをよく理解するために、と私なら言いたい）、シェリングは強調する。

人類が不可視の世界に発する苦悩と恐怖を受忍する運命にあると仮定するならば、その場合、戦って滅びなくてはならないというよりも、その世界の超越的な力に直面した怯えから、自由というかくも甘美な観念を前にして震えながら後退りすることのほうが容易いということになるのではないか？　だが現実には、現前する世界のおぞましさ［強調ラクー＝ラバルト］は、来るべき世界の恐怖よりもはるかに私たちを苦しめるだろう。超感性的な世界ではみずからの実存を請い願ったその同じ人間が、現世においては、自己自身と他人への憤りを爆発させる人間性の不吉な精神［この強調もラクー＝ラバルト］へと変容するだろう。その人間は別の世界で被った屈辱の埋め合わせを、この世界の支配に求める。別の世界の至福から目覚めるやいなや、彼はこの世界に向き直り、この世界を地獄に変えるのである。

おそらくシェリングは、或る種のキリスト教の帰結のことも考えている。この論述は次のような一文で締めくくられている。「別の世界の腕に抱かれてあやされた人間が、この世界で、道徳の面で子どもに変わることができるのであれば、この人間はかなりの幸せ者である」。こうした文章が書かれたのは、おそらくいささかも用心のためではないだろう。

とはいえ、シェリングが確立する――あるいはもっと正しくは思い返す――「規則」さらには〈法〉(それはアリストテレスに由来し、『詩学』第六章の思弁的な翻訳である)によって、ありうべきもっとも明確かつ激しい仕方で述べられている内容が、(再)現前化〔表象〕の一切の否認は〈恐怖〔恐怖政治〕〉を生み出すということであるのはかわらないし、それこそが本質的な点である。さらにこのシェリングの〈法〉は、カタルシス――これはいまやこれまでになく翻訳不可能である――は、死や破壊や無化や殺害などの「衝動」によってカタルシスなのではないとも語る。あるいは、不幸や悪意や苦しみ一般のために生じる苦悩や「受難〔情念〕」によってカタルシスなのではない、と。したがって、なぜ悲劇が思弁的弁証法の第一のモデルを提供するのかが理解される。ミメーシスは、「不可能事を可能にする」(これはシェリングが一八〇〇年の『超越論的観念論の体系』の終わりで芸術作品について述べる言葉である)という純粋に超越論的な力をもつばかりではない。カタルシスそれ自体が人間のプラクシスの次元において――必然的に――超越論的なのである。すなわち、カタルシスは経験不可能な試練を可能にし、無-化と無-存在者〔無〕の、死そのもの(「この非現実をこのように名づけるならば[…]」)の、不可能な経験を可能にするのである。

とはいえ(まったく)最後に、もう一言。不安定で、ありそうもないルソーの〈祝祭〉

は結局のところ〈舞台〉、〈演劇〉を、要するに止揚不可能なミメーシスを止揚できないのだが、そうしたルソーの〈祝祭〉を厳密に止揚したにすぎない思弁的思考の悲劇モデルを定式として言明するのは、たしかにヘーゲルの仕事である。一八〇一年の『エウメニデス』読解と、その勝ち誇った結論が思い出される。「アテナイのアテナ」はオレステスを救いながらも、アクロポリスの丘のふもとに復讐と殺害のエリニュエスのための場所を設けるように命じる《オルドヌ》〔秩序づける〕。そのときヘーゲルは「倫理的な生」それ自体すなわちジットリッヒカイト〔人倫〕のために必要な「和解」と「供犠」について語る。ヘーゲルはアリストテレスを敷衍する。

> この和解の本質は、必然性の認識［Erkenntnis］のうちに存し、そして倫理的な生がみずからの非有機的な本性と地下的な諸力とに与える権利――その権利は、倫理的な生がそれらのために自分の一部を譲り犠牲にするかぎりにおいて与えられる――のうちに存する。というのも供犠の力は、非有機的なものとの絡み合いを直観し客観化することに存するからである。この直観のおかげで絡み合いは解きほぐされ、また非有機的なものは分離されてそれとして知られ、まさにこのことによって、無-差異［同一

性」のなかに非有機的なもの自身が迎え入れられるようになるのである［これは存在–論理学のロゴスそのものである］。だが生けるものは自分自身の一部だと知っているものを、この非有機的存在として措定し、それを死への供犠に供するかぎりで［これはつまり否定的なもののテーゼ〔定立〕である］、そのような（非有機的で死んだ）存在の権利を認識〔承認〕したのであり、そしてそれと同時に、そうした存在から自己を純化した［gereinigt］のである。

これこそは、絶対者が自己自身でもって永遠に遊戯する［spielt〔演じる〕］悲劇の、倫理（的境地）における［in dem Sittliche］表象［Aufführung すなわち上演、舞台化］以外の何ものでもない。（すなわち）絶対者はみずからを客体性へと永遠に生み出し、そうすることによって、自己のものであるこの形象［Gestalt］において、受難［Leiden］と死へみずからを放棄し、そしてみずからの灰のなかから主君的壮麗さ［Herrlichkeit］へと立ち昇るのである。[96]

少し後の一八〇六年に、同じような「自信過剰〔勝利主義〕」が、同じような文体の力によって——だが演劇ないしミメーシスという条件の想起はない——『精神の現象学』の「序文」の無際限に引用される一節のなかで表明されるだろう。それは次のことを意味する。すなわち、一八〇一年の論考（「受難と死」）においてフェニックス神話と競合しながら芽生え始めていた「神自身は死んだ」というキリスト教的＝ルター派的モデル――このモデルは〈絶対知〉の直前の「啓示宗教」の章に据えられることとなる――によって、悲劇モデルはすでに（時間はつねにほんのわずかしか必要とされない）取って代わられたということだ。その続きはよく知られている……。それでもやはり私はこのテクストを呼び起こしておこう。バタイユが用いていた翻訳、すなわちこの場合ジャン・イポリットの翻訳（コジェーヴの修正）で。

死――この非現実性をそのように命名したければ――とは、もっとも恐るべきもののことであり、死の仕業を維持することはもっとも大きな力を必要とすることである。無力な美［他の言い方をすれば、芸術］は悟性を嫌悪するが、それは悟性が美に対して、美のなしえないことを要求するからである。ところで〈精神〉の生とは、死を

（96）『自然法の学的取扱い方』――このタイトルは、ルソーの第二『論文』のことを考えたとき、どうでもよいものではまったくない……（*Des manières de traiter scientifiquement du Droit naturel*, tr. fr. B. Bourgeois, Paris, Vrin, 1972, p. 69.〔松富弘志・国分幸・高橋洋児訳『近代自然法批判』世界書院、一九九五年、七四頁〕）。

前にして怖気づき、破壊に対して自己保存を図ろうとするような生ではなく、死に耐え、死のうちで自己を保持するような生のことである。〈精神〉は、絶対的な引き裂きのうちに自己自身を見出すことによってのみ、自己の真理を獲得する。〈精神〉は〈否定的なもの〉に顔を背ける〈肯定的なもの〉であることによって、この（驚異的な）力であるのではない。例えば何事かについて、これは何でもないとか、（これは）偽りだとか言って、（そうして）その何事かをさっさと清算して別の何事かへと移ろうとでもいうときのように。そうではない。〈精神〉は〈否定的なもの〉を直視し（かつ）〈否定的なもの〉の傍らに踏みとどまり続けるかぎりにおいてのみ、この力なのである。この〈延長された–踏みとどまり〔延期された–滞在〕〉は、否定的なものを〈所与–存在〉へと置換する魔法の力なのである。(97)

演劇の否認はコメディである

まさしくバタイユは、つまるところ「供犠の普遍的な実践」〔「ヘーゲル、死と供犠」『純然たる幸福』一八四頁〕がヘーゲルを説明するのか、それとも逆にヘーゲルが供犠〔（再）現前化され「スペクタクル化された」死、そしてルソーが言うように、生贄にされた「苦しみの動物」との「同一化」を前提する死〕を説明する〔理性化する〕のか、と問うその人である。彼は叫ぶ。「だがそれは芝居《コメディ》だ！」〔同書、一八五頁〕と。「このような物の見方が茶番《コミック》とみなされるのは当然だ」〔同書、一七四頁〕。あるいは、「ヘーゲルがおそらくは心ならずもはまり込んだ状況を適切に表現するには、悲劇の口調が、あるいは少なくとも抑制された形で悲劇の恐怖が要るのだろう。だが事態はやがて滑稽《コミック》なさまを呈するだろう」〔同書、同頁〕。さらに今度はルター・ヴァージョンの〈受難〉それ自体に関して、次のように言う。「何はともあれ、死を忍従するということが神的形象にたしかに欠けているので、伝統のなかに据えつけられた神話は、死を、そして死の苦悶を、ユダヤ－キリスト教圏の永遠かつ唯一の神に結びつけることとなる。キリストの永遠の神性——この神性はキリストに属する

(97) バタイユが「ヘーゲル、死と供犠」で用いる引用（« Hegel, la mort et le sacrifice », *Deucalion* 5, Neuchâtel, La Baconnière, 1955.〔酒井健訳「ヘーゲル、死と供犠」『純然たる幸福』人文書院、一九九四年、一七六頁〕）。また、Georges Bataille, *Œuvres complètes*, XI, Paris, Gallimard, 1995 も参照のこと。

——の忘却を、万能にして無限の神という意識のなかに導入することは恣意によらないかぎり不可能である以上、キリストの死は芝居がかるのだ」〔同書、同頁〕。

（再）現前化〔表象〕を、演劇を否認することは「芝居《コメディ》」である。

ここで私は、現代のアリストテレス学徒のなかで結局もっとも忠実なアリストテレス学徒であるバタイユの注釈に踏み込もうというのではない。ただ私は、終えるために（終えないために）、今一度反芻すべき次の文章を与えたいだけだ。それが私の話の暫定的な結論となるだろう。バタイユは供犠による同一化の「策略〔逃げ道〕」と彼が呼ぶものに言及したところである。実際にそのとき、「だがそれは芝居だ！」と彼は叫ぶ。そしてこう付け加える。

> 生けるものに死の侵入を啓示する他の方法が何かあるとすれば、少なくともそれは芝居だろう。［…］この困難は見世物の、一般的に言えば表象〔再現前化〕の必要性を告げている。それらの反　復《レペティスイオン》〔リハーサル〕がなければ、私たちは死に対して無縁のままに、無知のままにとどまるだろう——一見、動物たちがそう見えるように。多少なりとも現実から、死から遠ざかった虚構以上に動物的でないものはない。〈人間〉はパンのみにて生きるにあらず、〈人間〉はすすんでみずからを欺く芝居にて生きる。

〈人間〉において、食べるのは動物的なものであり自然的存在である。だが〈人間〉は信仰や見世物に参列する。さらに〈人間〉は読むこともできる。そのとき文学は、それが至高で真正であるかぎり、〈人間〉において見世物（悲劇的であれ喜劇的であれ）の強迫的な魔法を延長するものなのだ。

少なくとも悲劇において重要なことは、死んでいく登場人物に私たちが同一化して、自分が生きているにもかかわらず、死ぬと信じることである。そのうえ、ただ単なる想像力だけでも十分なのに、悲劇は、大勢《ミュルティチュード》の者が頼りにする古典的な策略〔逃げ道〕、すなわち見世物あるいは書物と同じ意味をもつのである〔同書、一八六―一八七頁〕。

まさにこれだ。これ以上に上手く言うことはできない。

この点に精通していたルソーもまた、ほとんど同じことを言っていたのである。

二〇〇一年六月　モンペリエにて

訳者あとがき

本書は Philippe Lacoue-Labarthe, *Poétique de l'histoire*, Galilée, 2002. の全訳である（部タイトル以外の、章タイトル・小見出しは原文にはないものだが、読者の便宜を図るため、訳者と編集部で相談の上、付した）。

フィリップ・ラクー＝ラバルトは一九四〇年フランスのトゥール生まれ。ストラスブールのマルク・ブロック大学で三〇年以上にわたって哲学を教え、同僚のジャン＝リュック・ナンシーとともに、ジャック・デリダの脱構築思想に大きな影響を受けた哲学者として知られている。

ヘルダーリン、ニーチェ、ハイデガーらのドイツ思想に真剣かつ批判的に取り組み、その脱構築を企てる点はデリダと同様であるが、ラクー＝ラバルトの仕事はロマン主義の脱構築としての側面が強い。ミメーシスの否認欲望を、哲学の、さらには政治神学（あるいは神学的政治）の根本体制として抉出する彼の分析は、『近代人の模倣』（一九八六年）、『政治の虚構』（一九八七年）、『ナチ神話』（一九九一年）などで際立っており、本書『歴史の詩学』（二〇〇二年）もその流れのなかにあると言えよう。

自由主義・共和主義の理論的父としてのルソーと、そうした近代体制を解体しようとするハイデガーとの緊張関係を、ラクー＝ラバルトは、ハイデガーによるルソーの否認、ミメーシスをめぐる両者の微妙なずれと交錯を通して鋭く描き出す。ルソー対ハイデガーという、ややもすれば近代的フランス対反近代的ドイツという単純な政治図式に陥りがちな問題を、哲学におけるミメーシスの問い、あるいはミメーシスの哲学的問いへと拡張し、さらにそれにとどまらず、ミメーシスの哲学的構制から必然的に生じるその政治性の問いへと拡張していくその手つきは鮮やかである。ルソーを政治的にばかりでなく哲学的にも否定するハイデガーの、その思考の根源性が確証されればされるほど、たとえ萌芽としてであれ、ルソーのうちにハイデガー存在論の「急所」が存在することが逆に浮き彫りになっていくラクー＝ラバルトの議論はスリリングだ。ハイデガーの意に反して、ルソーはある意味ドイツの超越論哲学の、さらには存在‐神論の先取りとして読むことが可能である。さらにルソーは超越論性および存在論性とミメーシスとの関係を、ことによってはドイツの伝統的哲学以上に深く直観した思想家なのかもしれない。それをラクー＝ラバルトは「演劇」と「舞台」の問いをめぐるルソーの微妙な揺れを通して浮かび上がらせる。

むろんルソーにもミメーシスを飼いならそうとする欲望はある。だがルソーはその欲望の不成就を、つまりはそれが欲望であることを暴露してしまうエクリチュールを残す（少なくとも、そうした痕跡、残滓としてルソーというテクストをラクー＝ラバルトは読む）。そのときアリストテレスのミメーシス論あるいはカタルシス論との関係において、ルソーの二重性が際立つ。ルソーはアリストテレスのカタルシス理論を（暗に）批判しながらも、やはり別のカタルシス論を展開せざるをえない。カタルシス論は聴衆の単なる自己満足的個人主義や公衆の共同体主義や全体主義の土壌として片付けられるものではない。それはテオリアがミメーシスを止揚（統合＝排除）しえないのと同様である（止揚こそがミメーシスの一効果なのだ）。ルソーは聴衆＝公衆が自主的にミメーシスの主体になることを欲する。それが彼の共和主義であり、「市民祭」である。虚構の政治的契約を自主的に演技することはルソー的「社会契約論」の核心でもあるだろう。それは王権神授説に立脚する、これまた虚構の（神学的）政治体制に対する「虚構の革命」だった（その二重の意味で）。だがルソーはまた聴衆＝公衆がミメーシスの絶対的主体でありえないことも熟知していた。ミメーシスの本質が主体性に亀裂を入れるからだ。あるいはむしろ主体に亀裂を入れるミメーシスがあればこそ主体が成立すると言ってもよい。ルソーはそうした〈ミメーシスの主体〉（あるいは〈虚構の主体〉）の問題を、解決するのではなしに抉り出した。根源的に解決不可能なこの事態を、その解決不可能性において問いとして提出し、その徹底的な突き詰めから始めることこそが、ルソーの〈虚構の起源〉論であり、その本性＝自然上、脱本性化＝脱自然化された存在、すなわちミメーシス存在としてのルソーの「人間」論（ハイデガーならば現存在論と言うところだが）なのである。

ラクー＝ラバルトはそれを〈演劇存在〉として論じ、ルソーの両価性《アンビヴァレンス》をクローズアップする。そのときアリストテレスがルソーに憑依し、アリストテレスはルソーによって再生＝表象され、そしてルソーがハイデガーに憑依し、ハイデガーはルソーを再生＝表象する。そして最後には、ルソーはヘーゲルとバタイユの戦場となる。またこの多数的な相互憑依の織物がラクー＝ラバルトのテクストとなる。このテクストの多層の織り目＝折り目（襞）は『歴史の詩学』にまさしく演劇的と言ってもよいダイナミズムを生み出している。

もちろん伝統的な政治的‐哲学的‐美学的体制のミメーシス排除に対してミメーシスの根源性を主張するだけでは不十分である。どのようなミメーシス——ラクー＝ラバルトの文脈で言えば、どのような哲学的演技、政治的演技、社会的演技の形象化——が求められるのかについての議論と、その具体的な実践が伴わなければ、ミメーシスの根源性の議論自体が自己毀損に陥りかねない。その点でラクー＝ラバルトの議論も、「ミメーシスを否認しないミメーシスを」という水準にとどまっている印象は拭えない。さらに具体的に、ミメーシスを否認しないミメーシスにはどのようなものがあるのか（あるいはありうるのか）、そしてその際必然的に生じてくる様々な問題の問い返しが必要となるだろう。

だがこうした注文自体がすでにラクー＝ラバルトのテクストの一効果である。そうした形ですでに彼は一個の効果を、形象化を実現したのであり、世界というテクストに新たなエクリチュール（刻印）を標記したのであって、そのこと自体を十分に評価しなくてはならない。それにどう応答し、また別のテクスト実践を刻み込んでいくかは、生き残された（「生き延びた」とは言わないでおこう）私たちの責任である。また別の形象化を！　そしてできれば、「可能」な限り（ということは「不可能」に接触するほどに）、別の形象化を妨げたり抑圧しない別の形象化を！——これには最低限、ラクー＝ラバルトも連署してくれることだろう。

ラクー＝ラバルトは一九九九年に来日したが、その折、彼は早稲田大学で講演を行い、当時助手をしていた私が通訳を担当した。そのときの講演が、本書『歴史の詩学』の第Ⅰ部の原稿であったことから、その後、藤原書店から翻訳の声をかけていただいた。だが悠長な私の性格からのんびり構えているうちに、二〇〇七年一月にラクー＝ラバルトが亡くなってしまった。私が知っていたデリダ、ラクー、ナンシーのなかで、最後に生き残ったのが、大変な心臓移植手術を受け、余命いくばくもないと言われていたナンシーであるのは、皮肉と言うべきか、それとも彼らが重視していたテクネー・ミメーティケー（ミメーシス技術）が現実化されてしまったと言うべきか、複雑な気分である。もちろん、だから技術がすべてなのだといった技術決定論は論外である（技術万能論は言うまでもない）。なぜなら、彼らの思考に従えば、技術が肉体や自然との二項対立においてもつあらゆる反対価値、対抗価値までもが崩されたところで「技術」という「古名」を考えなくてはならないのだから。

いずれにせよ、ラクーが亡くなって急遽この訳書を仕上げることになったため、不備な点が多々あるかもしれない。読者のご叱正を請いたい。「死の翻訳産業」などと後ろ指をさされない訳文になっていれば幸いである。

二〇〇七年三月三〇日

藤本一勇

著者紹介

Philippe Lacoue-Labarthe（フィリップ・ラクー＝ラバルト）

1940年9月26日，フランス・トゥール生。2007年1月27日の深夜から28日の未明にかけてパリにて逝去。幼少期よりカルヴァン派の宗教教育を受ける。ボルドー大学にてジェラール・グラネルに師事し，ハイデガーを学ぶとともに，「社会主義か野蛮か」の活動を通じてリオタールらと親交をもつ。1967年よりストラスブール大学にて教鞭をとり（-2002），同僚のナンシーとは生涯の友となる。1983-93年，カリフォルニア大学バークレー校客員教授，1988-89年，国際哲学研究院会長を務める。1995年「フリードリヒ・グンドルフ賞」受賞。邦訳書『政治という虚構――ハイデガー，芸術そして政治』（藤原書店）『虚構の音楽――ワーグナーのフィギュール』（未來社）『経験としての詩――ツェラン・ヘルダーリン・ハイデガー』（未來社）『藝術家の肖像，一般』（朝日出版社）『ナチ神話』（ジャン＝リュック・ナンシーとの共著，松籟社）『近代人の模倣』（みすず書房）『メタフラシス』（未來社）『ハイデガー　詩の政治』（藤原書店）『貧しさ』（ハイデガーとの共著，藤原書店）がある。

訳者紹介

藤本一勇（ふじもと・かずいさ）

1966年生まれ。パリ社会科学高等研究院深化学位（ＤＥＡ）「歴史と文明」取得。早稲田大学文学研究科博士課程単位取得満期退学。早稲田大学文化構想学部表象・メディア論系准教授。専攻、哲学。著書に、『批判感覚の再生――ポストモダン保守の呪縛に抗して』（白澤社、発売・現代書館）、訳書に、デリダ『アデュー――エマニュエル・レヴィナスへ』（岩波書店）、デリダ『哲学の余白』（法政大学出版局）、デリダ／ルディネスコ『来るべき世界のために』（共訳、岩波書店）、ブルデュー『政治』（共訳、藤原書店）がある。

歴史《れきし》の詩学《しがく》

2007年4月30日　初版第１刷発行©

訳　者　藤　本　一　勇

発行者　藤　原　良　雄

発行所　株式会社　藤　原　書　店

〒162-0041　東京都新宿区早稲田鶴巻町 523

TEL　03（5272）0301
FAX　03（5272）0450
振替　00160-4-17013
info@fujiwara-shoten.co.jp

印刷・製本　図書印刷

落丁本・乱丁本はお取り替えします
定価はカバーに表示してあります

Printed in Japan
ISBN978-4-89434-568-3

ヘルダーリン＝マルクス論

貧しさ

PhM・ハイデガー
Ph・ラクー＝ラバルト
西山達也＝訳・解題

独の降伏直後、コミュニズムを論じ、再度、「精神革命」（形而上学と技術の世界支配からの跳躍）を要請した、全集未収録の、ハイデガーの〝ヘルダーリン＝マルクス論〟。ハイデガーの真価と限界を誰よりも知る、ラクー＝ラバルトによる厳密な読解。

四六上製　二一六頁　三二〇〇円
（二〇〇七年四月刊）
◇978-4-89434-569-0

DIE ARMUT / LA PAUVRETÉ
HEIDEGGER / LACOUE-LABARTHE

ハイデガー、ナチ賛同の核心

政治という虚構

（ハイデガー、芸術そして政治）

Ph・ラクー＝ラバルト
浅利誠・大谷尚文訳

リオタール評――「ナチズムの初の哲学的規定」。ブランショ評――「容赦のない厳密な仕事」。ハイデガーの真の政治性を詩と芸術の問いの中に決定的に発見。通説を無効にするハイデガー研究の大転換。

四六上製　四三二頁　四二〇〇円
（一九九二年四月刊）
◇978-4-938661-47-2

LA FICTION DU POLITIQUE
Philippe LACOUE-LABARTHE

ラクー＝ラバルト哲学の到達点

ハイデガー 詩の政治

Ph・ラクー＝ラバルト
西山達也＝訳・解説

ハイデガー研究に大転換をもたらした名著『政治という虚構』から十五年、ハイデガーとの対決に終止符を打ち、ヘルダーリン／ハイデガー、ベンヤミン、アドルノ、バディウを読み抜くラクー＝ラバルト哲学の到達点。

四六上製　二七二頁　三六〇〇円
（二〇〇三年九月刊）
◇978-4-89434-350-4

HEIDEGGER — LA POLITIQUE DU POÈME
Philippe LACOUE-LABARTHE

ハイデガーvsリオタール

ハイデガーと「ユダヤ人」

J-F・リオタール
本間邦雄訳

「存在忘却」の偉大な思惟は、なぜ国家社会主義の政治に能動的に参加することができたのか？〈殲滅〉の事実をなぜ忘却することができたのか？カントの「崇高」「無意識的情動」「法」など、リオタール積年の研究による諸概念を駆使した初のハイデガー論。

四六上製　二七二頁　三二〇〇円
（一九九二年四月刊）
◇978-4-938661-48-9

HEIDEGGER ET « LES JUIFS »
Jean-François LYOTARD